나의
첫 번째
머니
다이어리

나의 첫번째
머니 다이어리

1쇄 발행 2019년 7월 15일
2쇄 발행 2019년 8월 28일

지은이 미스 페니(진예지)
펴낸이 유해룡
펴낸곳 (주)스마트북스
출판등록 2010년 3월 5일 | 제2011-000044호
주소 서울시 마포구 월드컵북로 12길 20, 3층
편집전화 02)337-7800 | **영업전화** 02)337-7810 | **팩스** 02)337-7811
원고투고 www.smartbooks21.com/about/publication
홈페이지 www.smartbooks21.com

ISBN 979-11-90238-00-7 13320

Published by SmartBooks, Inc. Printed in Korea

나의 첫 번째 머니 다이어리

미스페니 지음

먹을 것 못 먹고 입을 것 못 입는 몹쓸 절약,
영혼을 갈아 넣은 몹쓸 저축은 이제 그만!

스마트북스

차례

2장 힘을 빼면 돈 관리가 쉬워진다

3장 지출에 이름을 붙여준다

4장 오늘이 행복해지는 머니 다이어리

5장 안 쓰는 게 저축이다

6장 내일의 나도 행복하려면

7장 돈이라는 거울에 나를 비춰봐!

프롤로그

욜로는 좋지만 굶어 죽긴 싫어

'한 살로 살겠습니까, 스무 살로 살겠습니까?'

제가 좋아하는 책 《스무 살의 인문학》에서 철학자 강신주 씨는 이제 막 스무 살이 된 청년들에게 묻습니다. 성인기에 접어든 지금 한 살로 살 것인지, 스무 살로 살 것이지요. 이게 무슨 말이냐고요? 그에 따르면 인간은 어렸을 때 자신을 보호하고 양육해준 부모와 사회의 욕망을 따르게 된다고 합니다. 부모가 공부 잘하는 아이를 원하면 공부 잘하는 아이가 되기 위해 노력하고, 사회가 고분고분한 여자를 원하면 온순한 여자가 되고자 노력하는 것처럼 말이에요. 그렇게 부모가 바라는 것을 바라고, 사회가 요구하는 바를 따를 때 생존 가능성이 높아지기 때문에 우리는 사회에서 자신의 욕망을 맞추며 살아갑니다.

하지만 중요한 점은 부모와 사회가 요구하는 삶이 우리가 진정으로 원했던 삶과는 다를 수 있다는 것입니다. 나는 공부보다는 축구를 하는 것이 더 좋았을 수도 있습니다. 온순한 여자아이보다는 왁자지껄하게 까불고 싶었을지도 모릅니다. 하지만 정해진 답만을 요구하는 사회에서 나의 욕망은 중요하지 않기에, 우리는 애써 그것을 모른 척한 채 살아가기 쉽습니다.

그래서 그는 이제 막 성인이 된 청년들에게 물었던 것입니다. 스무 살로 사회에 첫발을 내디디며 서툴지라도 자신의 욕망을 따르며 살 것인지, 아니면 시키는 대로 살았던 지금까지의 삶을 지속할 것인지를 말이에요. 그리고 내 욕망에 따라 사는 삶은 분명 쉽지 않겠지만 그만큼의 가치가 있다고 청년들을 격려합니다.

저는 이 책을 읽을 때마다 가슴속에서 뭐라 설명할 수 없는 울컥거림을 느끼곤 했습니다. 저 역시 자신의 욕망에 따라 살기보다는 사회에서 허락하는 삶을 살았기 때문이겠지요. 대학에 지원할 때에는 정말 배우고 싶었던 분야보다는 합격이 쉬운 과를 선택했습니다. 공부하는 내내 아쉬움이 있었지만 취업하기 좋은 학과라며 스스로를 위로했습니다. 누군가를 만날 때는 내가 하고 싶은 말보다는 상대가 듣고 싶은 말을 했습니다. 그게 좋은 관계를 맺기 위한 방법이라고 믿었으니까요.

하지만 그렇게 해서 남는 것은 무엇이었을까요? 어차피 무슨 과를 나왔든 취업 시장에서 저는 문송(문과여서 죄송)할 뿐이었고, 아등바등 노력해서 지켰던 관계 역시 노력만으로는 지킬 수 없는 순간이 왔습니다. 그러는 동안 시간은 지나 사회 역시 '시키는 것을 따르라'라기보다는 '너의 목소리를 들려줘'라고 이야기했습니다. 하지만 시키는 대로 따라만 했던 저는 내 욕망은 무엇인지, 내가 하고 싶은 말은 무엇인지 도무지 알 수가 없었습니다.

그래서 그 책의 일부를 찢어 가방에 넣어 가지고 다녔습니다. 철학자가 말하는 바처럼 내 욕망을 따라 사는 삶을 시작하고 싶었고, 그게 인생의 주인으로 사는 일이라고 여겼거든요. 지금까지는 어려웠을지라도 앞으로는 선택의 순간에 삶의 주인으로 살리라 다짐했습니다.

하지만 이런 인문학 책을 보며 뜨겁게 감동받았던 저는 현실 앞에서 차갑게 무너지곤 했습니다. '이제부터 주인으로 살겠어!', '내가 원하는 삶을 살 거야!'라고 외쳤지만 발을 디디고 있는 현실로 돌아오는 순간 그러한 욕망은 철없는 이상처럼 느껴졌습니다.

저는 왜 욕망대로 살지 못했을까요? 부모님의 기대를 좌절시킬까봐? 물론 부모님을 실망시키고 싶지는 않았지만 어쩔 수 없는 일이라면 감수할 수 있었습니다. 사회로부터 인정받지 못할까봐? 아니, 이때

즈음에는 사회 분위기 역시 욜로(YOLO : You Only Live Once/인생은 한 번뿐이니 원하는 삶을 살아라)를 외쳤으니 문제가 아니었지요. 제가 원하는 선택을 가로막은 가장 큰 이유는 누군가의 인정도, 사회 분위기도 아닌 '돈'이었습니다.

'인생은 한 번뿐이니 원하는 삶을 살아라!' 이 얼마나 매력적인 문구인가요? 저도 그 흐름을 따라 하고 싶은 일을 하고, 사고 싶은 것을 사고 싶었습니다. 하지만 무엇을 가지고 그렇게 한단 말인가요? 저는 하고 싶은 일을 하는 것도 좋지만 굶어 죽기는 싫었습니다. 마음껏 원하는 대로 소비하는 것도 즐겁지만, 그 소비를 위해 하기 싫은 일을 해야 하는 아이러니는 왜 아무도 언급하지 않는 건가요?

그렇습니다. 다른 사람들처럼 무조건 욜로를 외치며 살기에는 무척이나 겁이 났습니다. 눈 딱 감고 저질러버리거나 '나중 일은 어떻게든 되겠지' 하고 쿨하게 넘길 수 있는 성격은 못 되었거든요. 그렇다고 제가 원하는 삶을 포기하고 싶지도 않았습니다. 저는 궁금해졌습니다.

'적은 돈을 가지고도 잘 살 수는 없을까?'

'내가 원하는 삶을 살기 위해서는 어떻게 돈 관리를 해야 할까?'

이런 고민 끝에 전혀 관심도 없던 돈 관리를 시작하게 되었습니다. 어디에 얼마를 쓰는지, 그리고 어떻게 돈을 썼을 때 행복한지를 살폈습니다. 우리 사회가 문제라고, 더 이상 답이 없다고 좌절하는 대신 포기할 수 없는 목표와 그 비용을 알아보았습니다.

그렇게 돈을 들여다보면서 멀게만 보였던 '돈 관리'는 부자나 특별한 누군가만 할 수 있는 게 아니라는 걸 깨달았습니다. 우리가 의도했든 아니든 지금까지 쭉 그 일을 해왔다는 걸 말이에요. 왜냐하면 돈 관리란 많은 돈을 불리는 것만이 아니기 때문입니다. 오히려 돈 관리의 기본은 한정된 자원에서도 나의 우선순위를 세우고, 더 나은 선택을 내리는 기술임을 알았습니다. 그리고 보고 싶지 않다고, 나와 어울리지 않는다고 외면했던 돈 관리에 본격적으로 뛰어들자 지금까지 한 번도 맛보지 못했던 경제적 자신감을 갖게 되었습니다.

과거에는 가진 돈이 적으면 불행할 수밖에 없고, 돈만 많아지면 행복하리라 생각했습니다. 사실 돈을 얼마를 갖고 있든 불안했고 더 필요하다고 느꼈습니다. 하지만 구체적으로 내 돈을 들여다보면서 비록 제한적인 상황에서도 내가 선택할 수 있는 부분이 있음을 알게 되었습니다. 열악한 상황에서도 작은 부분이라도 선택을 내림으로써 내 삶에 최선을 다할 수 있다는 것을 알게 되었습니다. 그리고 무엇보다 돈 관리를 통해 연습한 선택의 기술로 내가 원하는 삶을 하나둘 시도할 용기를 갖게 되었습니다.

이 책에서는 '내가 우선인 돈 관리법'을 소개하고자 합니다. 말 그대로 돈보다 자신이 우선이 되는 돈 관리법입니다. 그렇기 때문에 실수를 해도, 때로는 손해를 봐도 괜찮습니다. 돈을 지키는 게, 많은 이익을 남기는 게 궁극적인 목표는 아니기 때문입니다.

저는 '돈을 위한 돈 관리'를 하고 싶지 않습니다. '돈을 위한 돈 관리'에서는 가장 중요한 판단 기준이 경제적 이익이 되느냐 아니냐일 것입니다. 그러나 무조건 1억, 10억을 목표로 달리는 돈 관리, 조금 더 이익을 내기 위해 내 생활은 피폐해지는 돈 관리는 의미가 없습니다. 그런 돈 관리는 분명 자산을 모으는 데에는 효과적이겠지만 애초에 그 돈을 모으고자 한 이유였던 나는 뒷전이 되기 쉬우니까요.

반면 '내가 우선인 돈 관리법'에서 돈이란 소중한 나를 위한 도구입니다. 그렇기 때문에 제대로 하지 못했다고 나를 비난하거나 지나치게 스스로를 억압하는 일은 하지 않습니다. 그리고 결국 나를 위해 돈을 관리함을 잊지 않을 때에만 우리는 때로는 귀찮고, 때로는 버거운 이 돈 관리를 지속해나갈 수 있습니다.

내가 원하는 삶에 가까워지기 위해서는 한정된 내 돈을 우선순위에 맞게 사용해야 합니다. 이 책에는 어떻게 하면 돈을 많이 벌 수 있을까, 혹은 어디에 투자하면 돈을 불릴 수 있을까와 같은 정보는 없습니다. 대신 내 돈의 흐름을 효과적으로 파악하는 방법, 지출에 대한 감정을 힌트삼아 나를 돌아보는 방법, 그리고 이를 통해 더 나다운 선택을 내리는 방법에 대해 이야기합니다. 여러분이 삶의 주인으로 살아가는 여정에 이 책이 도움이 되었으면 합니다. 감사합니다.

2019년 7월

진예지

PART 1

돈이 없을수록
돈 관리가 중요하다

MY FIRST MONEY DIARY

"

내가 가진 돈이 적을수록
그 돈을 얼마나 만족스럽게 사용하는지가
삶의 질을 크게 좌우합니다.

"

"저는 관리할 돈이 없는데요?"

돈이 없을수록 돈 관리가 중요하다

"저는 관리할 돈이 없어요."

돈 관리에 관한 상담이나 교육을 하러 가면 농담 반 진담 반으로 이런 말을 많이 듣습니다. 돈 관리는 관리할 돈이 있는 사람, 부자들이나 하는 것이라는 생각 때문이지요.

저 역시 과거에는 돈 관리란 가진 돈이 있을 때만 의미가 있다고 여겼습니다. 부자가 되고 싶어, 아니 부자까지는 아니어도 경제적 여유를 갖고 싶어 집어 든 경제 서적들에는 '종잣돈', '투자' 같은 단어들이 즐비했거든요. 많은 책들에서 일단 투자의 기본 자금이 되는 5,000만 원, 1억 원이 필요하다고 했습니다. 그리고 그 종잣돈을 모으기 전까지는 이를 악물고 절약해야 한다고요.

그런 이야기를 보고 있으면 '그래, 해보자!'라는 결심보다는 좌절감이 앞섰습니다. 돈이 없어서 돈 관리를 하려는 건데, 시작부터 5,000만 원과 1억 원이 있어야 하다니. 시작하기도 전에 이미 지쳐버릴 것만 같았습니다. 그런 여유 자금이 있었다면 이렇게 불안하지는 않았을 거라는 생각도 들었습니다. 이쯤 되면 '까짓것 5,000만 원을 모아볼까', '마음을 단단히 먹고 노력해볼까' 싶다가도 고개가 절레절레 저어졌습니다.

이제부터 제가 말하고자 하는 돈 관리는 그러한 투자나 재테크와는 거리가 멉니다. 여러분에게 연금이나 보험을 팔고 싶은 마음도 없습니다. 사실 젊은 시기에 운용할 수 있는 여유 자금이 많은 사람이 얼마나 될까요? 부유한 집안에서 태어나거나 특출 난 능력이 있다면 또 모르겠습니다. 하지만 사회생활을 갓 시작한 일반적인 20대, 30대가 가진 돈이 없는 것은 너무나 자연스럽고 당연한 게 아닐까요? 설사 그러한 돈을 가지고 있다고 해도 제가 만난 대다수의 20대, 30대들에게 그 돈은 투자 수익을 위해 여유롭게 묶어둘 수 있는 돈이 아닌 몇 년 내에 써야 할 결혼자금, 주거자금이었습니다.

그렇다고 해서 우리에게 관리할 돈이 없다는 말은 아닙니다. 소득이 얼마가 되었건, 또 심지어 현재 돈을 벌고 있지 않다고 해도 우리에게 관리할 돈은 충분합니다. 모든 인간은 생존하기 위해 일정 정도의 경제적 자원이 필요하고, 우리가 살아 있다는 것은 어떤 식으로

든 그 자원을 조달해서 쓰고 있다는 뜻이기 때문입니다. 버는 돈은 없어도 쓰는 돈은 있습니다. 쓰는 돈을 관리하는 게 돈 관리의 기본입니다. 그리고 쓰는 돈을 관리하는 일은 가진 돈이 적을수록 더욱 중요합니다.

돈이 많다면 특별한 관리 없이 흥청망청 써버려도 큰 문제는 없을 것입니다. 허투루 쓴다고 해도 기본적인 생활비는 충당할 수 있으니까요. 하지만 가진 돈이 적으면 이야기가 달라집니다. 내가 가진 돈이 적을수록 그 돈을 얼마나 만족스럽게 사용하는지가 삶의 질을 크게 좌우합니다. 적은 돈으로 관리 없이 쓰다가는 생존에 꼭 필요한 비용을 충당하지 못할 수도 있습니다. 그리고 중요하지도 않은 지출 때문에 정말 원하는 것을 못하게 될 때, 피 같은 돈을 아무 의미도 없어진 물건들과 바꾸었다는 생각이 들 때 우리는 애꿎은 돈을 미워하게 됩니다. 이미 그곳에 지출해버린 나를 탓하는 것보다 써도 써도 부족한 돈을 탓하는 게 편하니까요. 하지만 그렇게 자본주의와 사회를 불평하고 말면 그 사이에서 내가 할 수 있는 부분도 분명 있었다는 점은 무시하게 됩니다.

이 책의 주제인 내가 우선인 돈 관리에서는 현재 쓰고 있는 돈에 먼저 주목합니다. 그리고 쓰는 돈을 관리하기 위해 이미 갖고 있어야만 하는 돈은 없습니다. 그러니까 돈이 없어 돈 관리를 못한다는 이야기는 넣어두라는 말이지요. 여러분은 돈 관리를 시작할 자격과 조건이 이미 충분합니다.

경제 신문 읽어라, 거시 경제 분석해라?

정보 따라잡기의 강박을 버려라

제가 어쩌다 경제 상담을 하게 되었을까를 생각하면 인생의 알 수 없음에 놀라게 됩니다. 돈과 관련된 일을 할 거라곤 상상조차 못했거든요. 물론 아버지가 은행원으로 일하시긴 했습니다. 하지만 꼼꼼하고 착실한 아버지와 정반대인 저는 다른 길을 갈 거라 믿었습니다. 무엇보다 숫자! 저는 숫자를 참 싫어했습니다.

학창 시절 수학은 항상 약점이 되는 과목이었습니다. 숫자들을 보면 머리가 아팠습니다. 비록 대학에서 경영학을 공부하긴 했지만 통계니 경영수학이니 하는 과목은 빼고 들었습니다. 그런 제가 돈과 관련된 일을 하다니, 세상일은 알다가도 모르겠습니다.

강연 등에서 제가 하는 일을 소개하면 사람들은 놀라는 표정을 짓습니다. 무슨 일인지 짐작할 수는 없지만 뭔가 어려운 일을 한다고 생각하는 모양입니다. 똑똑하다거나 대단하다는 이야기를 듣고 있자면 '아니요, 전혀 그렇지 않아요' 하고 부정하고 싶어집니다. 내가 우선인 돈 관리는 숫자에 밝은 소수의 사람들만이 할 수 있는 것이 아닙니다. 영어로 가득한 경제 용어들, 해가 갈수록 복잡해지는 금융 상품들은 몰라도 좋습니다.

돈 관리를 '제대로' 하려면 경제 신문은 기본으로 봐줘야 하고, 거시 경제의 흐름을 파악해야 하고…… 다 좋습니다. 좋은데, 그렇게 제대로 해야만 한다는 강박이 지금까지 우리를 돈 관리로부터 멀어지게 한 건 아니었을까요? 뉴스를 보고 부동산을 알면 좋기야 하겠지요. 하지만 이 모든 것들은 처음부터 이해할 수도, 이해해야 할 필요도 없습니다.

좋은 정보를 모으는 일 역시 마찬가지입니다. 조금이라도 금리가 더 높은 상품을 찾고, 혜택이 많은 신용카드를 찾는 일도 분명 필요합니다. 좋은 정보를 얻고자 재테크 책을 1주일에 한 권씩 읽던 친구도 있었습니다. 하지만 '이렇게 하면 돈을 더 잘 모을 수 있다', '이렇게 하면 돈을 더 아낄 수 있다'와 같은 무수한 정보들을 접하면서 우리는 안심할 수 있었나요? 아니, 오히려 그 모든 것들을 해내지 못하는 나를 보면서 더 불안해진 것은 아니었을까요?

얼마 전 다리야 로즈(Darya Rose)의 〈푸디스트 키친(Foodist Kitchen)〉

이라는 온라인 요리 프로그램을 수강했습니다. 이 프로그램의 독특한 점은 따로 레시피를 주지 않는다는 것이었어요. 요리를 한다고 하면 그 요리에 맞는 레시피를 주고 따라 하는 모습을 떠올리기 쉽습니다. 하지만 이 프로그램은 오히려 레시피대로 따라 하기가 사람들로 하여금 요리에 대한 자신감을 낮춘다고 말합니다. 우리 집 냉장고에는 없는 이국적인 재료들을 갖추고, 적절한 양을 맞추고, 지시 사항들을 따르는 것은 쉬운 일이 아니라고요. 또한 그 과정에서 실수라도 하면 처음에는 의지를 갖고 시작한 사람들도 금세 지치고 만다고 합니다.

그래서 그녀가 제안한 것은 레시피 없이 요리하기입니다. 사실 문제는 우리가 요리를 너무 거창하게 생각해서일지도 모른다고요. 꼭 정해진 규칙에 따라 근사한 결과물을 만들지 않아도 요리를 할 수 있다고 말합니다. 본질적으로 모든 요리는 식재료에 굽기, 튀기기, 찌기, 삶기 등의 방식으로 열을 가하고 소금, 후추, 간장 등으로 간을 하여 완성합니다. 시중에 나와 있는 레시피들은 재료에 어울리는 방법이나 양념을 추천해줄 뿐, 그것이 유일한 정답은 아님을 배웠습니다.

이러한 접근 방법으로 바라보니 요리가 그렇게 복잡한 일은 아닐지도 모른다는 생각이 들었습니다. 그래서 요리책을 펴고 한 단계 한 단계 식은땀을 흘리며 지시 사항을 따르는 대신 새로운 방식으로 요리를 해보았습니다. 집에 있는 재료들을 마구잡이로 넣어 국을 끓여본 것이지요. 시금치와 소고기, 된장을 넣은 그 국은 좀 생소하긴 했지만 나름 맛이 있었습니다. 요리란 그러면 된 게 아닐까요?

이러한 경험을 통해 저는 그동안 모든 것을 너무 어렵게만 생각했던 건 아닐까 하는 생각이 들었습니다. 내가 먹을 만한 음식을 만들면 되는데, 근사한 레시피 속 요리만이 제대로 된 요리라고 생각한 것이지요. 그저 몸을 움직이는 것만도 가만히 있는 것보다 훨씬 나은 운동임에도 꼭 헬스장에 가서 무거운 아령이라도 들어야 제대로 된 운동이라고 생각했습니다. 하지만 그렇게 많은 노력을 들여야, 전문가의 도움이 있어야 제대로 무언가를 할 수 있다는 믿음은 오히려 저를 그러한 활동들로부터 멀어지게 했습니다.

제가 요리와 운동에 그러했듯 많은 사람들도 돈 관리에 있어서 비슷한 생각을 갖고 있는 것 같습니다. 많은 시간과 돈을 투자해야 제대로 돈 관리를 할 수 있다고요. 하지만 요리와 운동이 생활 속에서 나온 자연스러운 활동이듯 돈 관리 역시 그렇습니다. 내가 가진 자원을 어떻게 사용하면 좋을지 결정하는 것은 심지어 화폐가 발명되기 이전부터 인간이 일상적으로 해오던 일입니다.

경제 상식 정복하기, 이익이 될 만한 정보 모으기 등은 천천히 생각해보면 어떨까요? 대신에 내가 버는 돈과 쓰는 돈, 꼭 이루고 싶은 목표에 대해 먼저 정리해봅시다. 내 안이 정리되어 있어야 바깥의 정보들도 필요한지 아닌지 판단할 수 있습니다. 그리고 필요하다면 그런 것들은 추후에 천천히 공부해도 충분합니다.

그렇게 숫자를 싫어했던 제가 이 일을 하게 된 이유는 그저 의미 없이 존재하는 숫자들이 개인의 삶에선 이야기가 되기 때문입니다. 수입의 50퍼센트 이상을 무리해서 저축하는 민진 씨에게는 그만의 이유가 있습니다. 과도하게 저축을 유지하느라 생활이 어려울 정도인데도 그가 저축을 줄이지 못하는 이유는 무엇일까요? 수영 씨는 크게 사치를 부리지 않는데도 왜 계속 생활비 부채가 누적되는 것일까요? 저는 왜 옷에 돈 쓰는 것은 아까운데 전자기기에는 한없이 관대해지는 것일까요?

결국 돈 관리를 통해 보고자 하는 것은 숫자 너머의 나 자신입니다. 돈을 통해 나를 이해하는 일, 그럼으로써 생활을 보다 효과적으로 꾸려나가는 일은 생각만큼 그리 어렵지 않습니다. 아니, 돈이라는 신호이자 길잡이가 있기에 더욱 수월합니다.

나무보다 숲을 보라

꼼꼼하지 않아도 괜찮아

저 역시 돈 관리는 저와 멀다고 생각하던 기간이 길었습니다. 스스로를 '돈 관리 같은 건 못하는 타입'이라고 규정짓기도 했습니다. 제 스스로를 그렇게 규정했던 가장 큰 이유는 돈 관리는 꼼꼼한 사람들만이 하는 거라고 여겼기 때문입니다. 크고 작은 실수가 잦고, 귀찮은 건 딱 질색인 저와는 왠지 어울리지 않는다고 생각했거든요.

실제로 마음을 굳게 먹고 가계부를 쓰기 시작했을 때에도 저를 가장 지치게 한 것은 꼼꼼함이라는 장벽이었습니다. 100원 단위까지 정확하게 기록하고, 빼먹는 지출은 없어야 한다고 생각했습니다. 그래서 얼마를 썼는지 잘 기억이 나지 않을 때나 돈을 썼다는 사실도 잊어

버려 가계부를 쓰지 못했을 때는 '아차!' 하며 덤벙대는 자신을 자책했고요. 월말에 가계부를 살펴볼 때는 가계부로 계산한 잔액과 통장에 남은 금액이 일치하기를 바랐습니다. 당연히 100퍼센트 일치할 수는 없었고, 그러면 역시 돈 관리는 저와 맞지 않는다며 포기해버렸습니다.

하지만 아이러니하게도 꼼꼼함에 대한 이런 강박을 던져버린 후에야 비로소 꾸준히 돈 관리를 할 수 있었습니다. 제 경우에서 알 수 있듯 우리가 돈 관리를 하는 이유는 세세하게 기록을 하고, 숫자를 맞추기 위해서가 아닙니다. 누가 누가 더 정확하게 가계부를 쓰는지 경쟁하기 위해서도 아닙니다.

돈 관리를 하는 이유는 내 돈의 흐름을 파악하고, 이를 바탕으로 더 좋은 선택을 하기 위해서입니다. 때문에 지출을 몇 가지 빼먹는다거나 몇천 원의 오차가 발생하는 것 등은 중요하지 않습니다. 오히려 세세하게 정확도를 높이는 꼼꼼함보다는 전체적인 그림을 볼 줄 아는 시선이 더 중요합니다.

실제로 상담을 하다보면 꼼꼼한 분들과 대화를 진전시키기 어려울 때가 많습니다. 아무래도 꼼꼼하게 살피다보면 큰 그림보다는 작은 부분 하나하나에 매달리게 되니까요. 통장을 나누고, 무슨 카드로 쓰는 게 중요한 게 아닌데도 자꾸 그 이야기에서 벗어나지 못합니다. 한 달에 얼마씩 적금을 하는 게 중요한 게 아니라 그만큼 마이너스가 나고 있다는 것도 같이 봐야 하는데, 그래도 적금을 들고 있으니 괜찮은 것 아니냐고 이야기합니다. 꼼꼼하게 세부적으로 보느라 통합해서 사고하기가 어려워지고, 그러다보면 애초에 목표로 했던 전체적인 파악은 점점 멀어집니다. 그렇게 되면 하는 일은 많으면서 파악은 제대로 되지 않는 관리를 위한 관리만 남고 맙니다. 결국 돈 관리는 꼼꼼해야만 할 수 있는 일이 아닙니다. 아니, 오히려 지나친 꼼꼼함은 불필요한 에너지 소모를 높여 돈 관리에 방해가 되기도 합니다.

최근에는 꼼꼼하지 못해 돈 관리를 못한다는 말이 돈 관리의 필요성을 충분히 공감하지 못한다는 뜻은 아닐까 생각하게 되었습니다. 예를 들어 언젠가 인터넷에서 제대로 양치하는 법을 본 적이 있습니다. 칫솔을 어떤 각도로 가져다 대고 몇 회 정도 칫솔질을 해야 하는지 등을 자세하게 소개하고 있었습니다.

그러나 그 설명을 본 이후에도 제 방식대로 이를 닦습니다. 완벽하게 올바른 양치법을 따르면 좋겠지만, 저에게 그건 너무 어려워 보여서요. 완벽하게 닦지는 못해도 내가 할 수 있는 대로 이를 닦습니다. 가이드라인을 제대로 따를 수 없다고 이 닦기를 포기하지도 않습니다. 어쨌거나 양치는 필요하다고 생각하기 때문입니다.

아침에 일어나서 밥을 먹고 양치를 하고, 일을 하는 것까지 우리가 하는 모든 일들 가운데 정석대로 완벽하게 해내는 일이 얼마나 될까요? 하지만 완벽하게 해내지 못해도 내가 필요하다고 생각하는 일은 할 수 있는 만큼, 할 수 있는 방법으로 하기 마련입니다. 대강이라도 하는 것이 아예 안 하는 것보다 훨씬 낫기 때문입니다.

돈 관리도 그렇습니다. 정확하게, 하나도 빼놓지 않고 꼼꼼히 할 수 있다면 좋겠지요. 하지만 그렇게 해야만 의미가 있는 건 아닙니다. 이번 기회에 내가 지속할 수 있는 만큼의 설렁설렁한 돈 관리를 시작해 보는 건 어떨까요? 설렁설렁 시도하는 돈 관리는 포기하는 것보다 나을 수밖에 없고, 나에게 필요한 돈 관리는 그것만으로 충분할지도 모릅니다.

어깨의 힘을 빼고, 설렁설렁

돈 관리로 스트레스 받지 마라

신나게 돈을 쓰면서도 한편으로는 통장 잔고를 확인하기가 무서웠던 경험이 있나요? 잔고를 확인해야 한다는 걸 알면서도 그걸 확인하는 게 무서운 것이지요. 그럴 때 저는 애써 불안한 마음을 잠재우며 미룰 수 있을 때까지 확인을 미루곤 했습니다. 그러다 더 이상은 안 되겠다 싶은 순간이 오면 조마조마한 마음으로 확인을 했습니다. 아니나 다를까 바닥을 드러내는 잔고는 늘 저를 깜짝 놀라게 했습니다. 그렇게 잔액을 확인하고 나면 씁쓸하지만 한편으로는 마음이 편해졌습니다. 더 이상은 조마조마하지 않아도 되니까요.

한 달에 한두 번씩 이런 '서프라이즈'를 겪다보면 자연스레 돈에 대한 자신감 따위는 찾아볼 수 없게 됩니다. 돈은 내 마음 같지 않은 것, 쉽게 사라져버리는 것으로 여겨지고, 돈 관리는 딴 세상 일처럼 느껴집니다. 특별히 관리를 하지 않아도 이렇게 스트레스를 받는데, 돈 관리를 시작하면 얼마나 더 할까 엄두가 안 나기도 하고요.

저 역시 돈 관리를 시작하기 전에는 이렇게 생각했습니다. 그래서 돈 관리를 할 수 있고 없고를 떠나 하고 싶지 않다고 생각했지요. 아무리 내게 도움이 된다 한들 스트레스가 되고 괴로운 일은 하고 싶지 않았습니다. 하면 좋은 일은 세상에 많습니다. 운동도, 요리도, 영어 공부도 하면 인생에 도움이 됩니다. 하지만 그걸 알면서도 힘드니까, 여유가 없으니까, 스트레스를 받으니까 하지 못합니다. 세상에 좋은 걸 알면서도 하지 못하는 게 얼마나 많나요. 돈 관리도 예외가 아닙니다.

그런데 막상 해보니 돈 관리는 그렇게 스트레스를 주지 않았습니다. 오히려 스트레스를 줄여주었습니다. 돈 관리를 시작하고 나서는 상황이 어떻게 돌아가는지 알고 있다는 안도감이 생겼기 때문입니다. 돈 관리를 하지 않을 때는 정작 들여다보지도 않으면서 항상 불안한 마음이 있었거든요. 돈을 쓰면서는 이래도 되나 걱정되었고, 그래서 쓰면서도 마음이 편하지 않았습니다. 또 되는대로 지출했기 때문에 어떤 때는 기분이 좋아 지나치게 소비하고, 돈이 떨어지면 빠듯하게 살며 고통을 받기도 했습니다.

하지만 돈 관리를 시작하고 나서는 자연스럽게 현재 내 경제 상황이 어떤지 알게 되었습니다. 단지 기록을 할 뿐인데, 내가 쓰는 돈을 파악하고 있다는 자신감도 들었습니다. 물론 그렇게 경제 상황을 알게 되면 지출을 줄여야 할 때도 있습니다. 하지만 그게 그렇게 힘들게 느껴지지는 않았어요. 과거에 통장 잔고에 '서프라이즈'를 당했을 때에는 장소를 불문하고 허리띠를 졸라매다보니 매 순간이 힘겹게 느껴졌습니다. 하지만 돈 관리를 하면서는 지출을 줄여야 할 때에도 줄이는 게 크게 어렵지 않은 부분을 위주로 줄여나가니 큰 스트레스로 느껴지지 않았습니다.

상담을 하러 온 사람들도 저와 비슷한 감정을 공유합니다. 내담자가 직접 써온 가계부를 같이 살펴보는데 그 과정에서 기존에 생각했던 바와 실제의 상황이 다르다는 점을 발견합니다. 예를 들면 커피 값이 많이 드는 것 같아 늘 불편했는데 실제 커피 값만 모아서 결산해보니 그리 금액이 크지 않다는 걸 알게 됩니다. 오히려 커피가 아니라 재료만 사다놓고 요리하지 않은 식재료가 문제라는 걸 깨닫게 되는 것이지요. 그러면 사다놓고 제대로 사용하지 않은 식재료 값만 줄이면 됩니다. 서점에만 가면 주체할 수 없이 지출을 한다거나 휴대폰 소액 결제로 예상보다 많은 돈을 쓰고 있다는 패턴을 발견하기도 합니다. 그러면 지출 조절이 필요한 시기에는 서점에 가는 걸 의식적으로 멀리합니다. 또한 소액 결제의 경우 한도를 정하거나 아예 결제를 막아 무의식적으로 하는 소비를 줄일 수도 있습니다.

그렇게 나에게 맞는 시도를 하다보면 돈 관리가 더 이상 고통스럽거나 지겹지 않습니다. 오히려 돈 때문에 받았던 스트레스가 줄어들고, 삶은 그때그때 조정해나가는 하나의 실험이자 놀이로 느껴집니다. 돈 관리는 한 번 하고 끝낼 수 있는 일회성 활동이 아닙니다. 우리 일상에서 지속적으로 해나가는 일이기 때문에 고통스럽거나 스트레스를 받는다면 유지할 수 없습니다.

그럼에도 불구하고 돈 관리는 여전히 많은 이들에게 그 이름만으로도 피하고 싶고, 꺼려지는 일로 여겨지는 듯합니다. 회사에서 새로 출시한 가계부를 친구에게 선물했을 때, 친구는 '벌써부터 혼나는 기분'이 든다며 농담을 하더라고요. 도대체 돈 관리는 우리 마음속에 어떤 이미지로 각인되어 있을까요? 돈 관리는 부담되는 일, 힘이 드는 일일 수밖에 없을까요? 다음 장에서는 돈 관리라는 단어만 보면 긴장되는 어깨의 힘을 천천히 풀어보겠습니다.

PART 2

힘을 빼면 돈 관리가 쉬워진다

MY FIRST MONEY DIARY

“

내가 우선인 돈 관리는 오늘의 행복도 중시하는

돈 관리입니다. 어쩌면 우리는 오늘 행복하지 않아서

돈에 더 집착하는 건 아닐까요?

”

'카페라테 효과'가 불편한 이유

하루하루의 작은 행복도 중요하다

재테크 관련 책을 읽으면서 가장 불편했던 부분은 하루 한 잔의 커피값을 아끼면 적지 않은 돈을 모을 수 있다는 '카페라테 효과'였습니다. 커피 한 잔을 5,000원이라 계산하면 한 달이면 15만 원이고, 1년이면 180만 원이 되는 셈이니 분명 적지 않은 돈은 맞지요. 이 '카페라테 효과'는 무심코 소비하는 작은 지출들을 아껴보자는 주장에 많이 인용되곤 합니다.

하지만 저는 이 같은 설명에 쉽게 고개를 끄덕일 수 없었습니다. 하루 한 잔의 커피를 아껴 1년 뒤 180만 원을 모은다고 해서 제가 더 행복해질지 확신할 수 없었기 때문입니다. 하루에 5,000원을 아끼는 게 엄청나게 어려운 일은 아니겠지만, '힘들게 돈 버는데 이것도 못 써?' 하는 마음이 드는 것도 사실입니다. 오늘의 작은 행복들을 지연시키면 내일은 정말 큰 행복을 느낄 수 있을까요?

《행복의 기원》에서 심리학자 서은국 씨는 행복을 진화적 관점으로 설명합니다. 행복이 인간의 생존에 어떤 역할을 수행하며, 우리는 어떨 때 행복감을 느끼는지를 연구한 것인데요. 이 책에 따르면 인간이 생존하기 위해서는 한 번 느낀 행복감이 오래 지속되지 않는 게 중요하다고 합니다. 한 번 음식을 먹었다고 해서 계속 그 행복감이 이어진다면 더 이상 우리는 추가적으로 음식을 섭취하지 않을 테니까요. 그렇기 때문에 그는 행복한 삶을 위해서는 한 번의 강도 높은 행복을 느끼는 것보다는 작은 행복을 자주 느끼는 편이 효과적이라고 주장합니다. 행복은 크고 거창한 게 아니라 뜨거운 여름날 더위를 식혀주는 달콤 시원한 아이스크림처럼 작고 소소한 거라는 것이지요.

그런데 행복이 아이스크림과 같은 거라면 하루 한 잔 마시는 카페라테 역시 쉽게 간과할 수 없는 삶의 중요한 부분이 아닐까요? 큰돈을 모으기 위해 절제하는 행위에 문제가 있는 건 아닙니다. 하지만 그렇다고 해서 오늘의 행복을 선택하는 것은 잘못이고, 미래를 준비하는 것만이 옳고 정당한 행동은 아닙니다.

그리고 오늘의 행복 역시 중요하다는 점을 인정해주지 않을 때 돈 관리는 무겁고 힘겨워집니다. 가계부 쓰기를 시도하다가 기분이 나빠서 포기한 적은 없나요? 가계부를 쓰다보면 뭘 위해서 이렇게 돈을 많이 썼는지 멋쩍을 때가 있습니다. 좀 아끼고, 돈도 모으고자 가계부를 쓰기 시작했는데 매일 쓰는 돈만 보이니 좌절스러울 때도 있습니다. 그렇게 하루하루 쓴 돈을 보면서 나를 탓하면 가계부 쓰기는 어느새 고역이 되고, 정신을 차리면 가계부는 방 한구석에서 자리만 차지하는 신세로 전락합니다.

그러나 오늘의 행복을 위해 돈을 쓰는 나를 허락한다면 가계부를 보는 일이 그렇게 힘들지만은 않습니다. 내 돈을 이용해 오늘의 행복을 만드는 것 역시 중요한 일이라는 걸 알기 때문입니다. 일상의 소소한 사치는 오늘을 더 살고 싶게 만듭니다. 예쁘지만 손바닥만 해 실용성은 없는 가방, 금세 질 꽃, 시시껄렁한 유머가 담긴 책은 오늘 하루를 버티게 해줍니다. 평소에는 잘 먹지 못하는 비싼 디저트가 집에서 기다릴 때, 사람으로 가득 찬 지옥철도 꾹 참고 버틸 수 있습니다. 그 소소한 사치는 삶의 레이스나 프릴 장식 같기도 합니다. 어떤 실용적 기능은 못할지라도 그 자체로 삶을 즐겁게 만들어주니까요.

그렇게 가계부를 보는 일이 편해져야 비로소 내 돈을 어떻게 사용해야 가장 행복할지 고민할 수 있습니다. 이 한정된 돈을 어디에 써야 잘 썼다고 소문이 날까요? 커피 한 잔의 여유를 즐겨볼까요? 미래를 위해 저축할까요? 어느 쪽도 괜찮습니다. 돈 관리는 내일을 위해서만이 아니라 오늘의 행복을 위해서도 필요하기 때문입니다.

기준 씨는 적지 않은 소득이 있으면서도 소비의 만족도가 크게 떨어졌습니다. 그는 월급의 60퍼센트 이상을 무리해서 적금으로 묶어두고 남는 돈으로 생활했습니다. 왜 그렇게까지 저축을 하느냐는 질문에 그는 불안해서 그렇다고 답했습니다. 어린 시절 돈 때문에 가족이 힘들었던 기억이 생생한 그에게는 돈을 모아 미래의 위험을 대비하는 게 무엇보다 중요했습니다. 물론 돈을 모아 미래의 위험을 대비하는 건 좋은 일입니다. 문제는 도대체 그 위험이 무엇인지 알 수 없기에, 돈을 모으고 또 모아도 아직 부족하다는 느낌을 면할 수 없다는 점입니다.

게다가 풍족해 보이는 주위 동료들도 그의 박탈감을 악화시켰습니다. 무언가를 하고 싶어도 참는 게 자연스러운 그에 비해 주위의 동료와 친구들은 사회생활을 시작하면서 번 돈으로 자신이 하고 싶은 일을 했습니다. 돈이 나가더라도 소비를 통해 좋은 경험을 쌓아가는 주위 사람들을 보면서 그는 자신 역시 지금 돈을 모을 게 아니라 이 돈으로 스스로를 성장시켜야 하는 게 아닐까 혼란스러워졌습니다.

무엇보다 가장 큰 어려움은 돈 관리를 잘 해야 한다는 부담감이 큰 만큼 기준 씨의 마음이 편할 날이 없었다는 점입니다. 열심히 경제 공부를 하고 가계부도 쓰지만 불안이 가시지 않았습니다. 빼곡히 기록된 지출 내역들은 하나하나 후회의 대상이었고, 예상치 못한 병원비라도 생기는 달이면 융통할 수 있는 돈이 부족해 마음을 졸일 수밖에 없었습니다. 이런 일이 반복되다보니 도대체 무엇을 위해 이 고생을 하는 건가 싶어 모든 노력을 내팽개쳐버리고 싶은 날도 많았습니다.

기준 씨는 상담 과정을 통해 해보고 싶은 일을 하고, 사보고 싶던 것을 사며 불안감을 조금씩 줄일 수 있었습니다. 무조건 미래를 위해 저축하는 게 아니라 오늘의 자신도 소중하게 대하기 시작했을 때 그의 마음은 항상 부족하다는 메아리에서 벗어날 수 있었습니다. 그리고 꼭 지출액을 늘리지 않더라도, 매번 발생하는 일상적인 지출을 써도 괜찮다고 허용하는 태도만으로 훨씬 여유로움을 느낄 수 있다는 걸 깨달았습니다.

내가 우선인 돈 관리는 오늘의 행복도 중시하는 돈 관리입니다. 어쩌면 우리는 오늘 행복하지 않아서 돈에 더 집착하는 건 아닐까요? 지금 당장이 만족스럽지 않으니 돈이라도 있어야 안심이 되는 건 아닐까요? 그러니 오늘의 행복을 위한 지출을 인정해주세요. 오늘도 내일과 마찬가지로 중요한 내 인생의 하루이며, 오늘 행복해야 내일도 행복할 수 있을 테니까요.

소비야, 미안해?

절약이 절대 기준이 될 때 모든 소비는 죄악이 된다

'돈은 안 쓰는 것이다.'

얼마 전 큰 화제를 모았던 방송 〈김생민의 영수증〉의 세트장에 붙어 있던 표어입니다. 이 프로그램은 신청자의 영수증을 보면서 그 지출이 잘 쓴 소비였는지, 잘못 쓴 소비였는지를 평가해주었습니다. 다른 사람들은 어디에 돈을 쓰는지 보는 재미도 쏠쏠했고, '스튜삣(STUPID)'과 '그레잇(GREAT)'으로 명쾌하게 나누어지는 평가는 묘한 쾌감마저 주었습니다.

저 역시 몇 차례 현실 웃음을 터뜨리면서 방송을 재미있게 보았던 기억이 나는데요. 하지만 재미있게 시청한 것과는 별개로 방송을 계속 챙겨 보게 되지는 않았습니다. 철저하게 절약을 기준으로 소비를 평가하는 방송을 보고 나면 돈을 쓸 때마다 극심한 죄책감이 느껴졌기 때문입니다.

저는 어릴 때부터 '돈은 아껴 써야 한다'는 교육을 받았습니다. 은행원이었던 아버지는 진짜 부자들이 얼마나 검소한지를 늘 말씀하셨고, 절약하는 생활을 몸소 보여주셨습니다. 그래서일까요. 저는 돈을 쓸 때마다 부모님처럼 아끼지 못하는 자신이 잘못하고 있다는 죄책감을 느껴야 했습니다. 필요한 곳에 돈을 쓸 때도 찝찝한 마음이 들었고, 누군가 나를 비난할까 걱정이 되었습니다. 간혹 장거리 택시를 타거나 예쁘지만 쓸모없는 '쓰레기'를 구입하면 괜히 찔려서 변명을 하기에 바빴습니다.

이런 소비에 대한 죄책감이 지출을 줄여주었다면 그나마 다행일 텐데, 제 경우에는 꼭 그렇지도 않았습니다. 돈을 쓰면서도 불편한 마음이 가득하니 온전히 즐겁지 않았습니다. 그래서 돈을 쓰면서도 쓴다고 인지하지 못했고, 이는 남들만큼 쓰지 못한다는 피해의식으로 이어졌습니다. 남들만큼 누리지 못한다는 박탈감을 상쇄하기 위해 충동적인 소비를 했고, 또 죄책감을 느꼈습니다. 지금 생각해보면 왜 이렇게 피곤하게 살았을까 싶어 스스로가 안쓰럽기도 합니다.

'돈은 안 쓰는 것이다.'

정말 그럴까요? 제가 이러한 피해의식에서 벗어난 시점은 어디에 얼마만큼 쓰는지 직접 따져보면서부터입니다. 과거에는 남은 돈이 많으면 많이 쓰고, 적으면 적게 쓰는 생활을 했기에 평균적인 생활비가 얼마인지조차 몰랐습니다. 그래서 처음으로 매달 각 분야별로 지출되는 비용을 파악해보고, 몇 달에 한 번씩 드는 비용들도 월간 비용으로 환산하여 생활비를 구했습니다. 그 결과를 보고 깜짝 놀랐습니다. 항상 아껴 쓰며 산다고 생각했는데, 나란 인간은 충분히 많은 돈을 쓰며 살고 있었으니까요.

어디에 많이 낭비를 해서도, 쓸데없는 곳에 돈을 써서도 아니었습니다. 그저 현대 사회에서 한 명의 인간이 생활하는 데에는 어느 정도의 비용이 들기 마련이었던 거예요. 그게 잘못일 리도, 문제일 리도 없습니다. 하지만 절약이 절대적인 기준이 될 때 모든 소비는 잘못이 됩니다. 나에게 어떤 가치를 주었고 어떤 만족감을 주었는지와는 관계없이 저렴한 것, 안 쓰는 것이 우선이 됩니다.

또한 절약을 중시한다고 해서 정말 돈을 안 쓰게 되는 것도 아닙니다. 돈을 쓰는 게 불편하기 때문에 이런저런 방식으로 우회하여 소비합니다. 예를 들어 같은 돈을 쓰더라도 돈 나가는 기분이 덜 느껴지는 신용카드 할부를 이용합니다. 월급은 아껴야 하는 돈, 상여금은 낭비해도 되는 돈으로 여기고 상여금으로는 그동안 구입하지 못한 것들을 쉽게 구매합니다. 그동안 못 샀던 물건을 산다는 점이 문제는 아닙니다. 다만 왜 내가 떳떳하게 번 돈을 당당하게 사용하지 못하고 자꾸만 눈치를 보느냐는 것입니다.

할부가 되지 않더라도 내가 원하는 물건이면 구입할 수 있습니다. 할부가 되더라도 찜찜한 물건은 참을 줄 알아야 합니다. 상여금 100만 원도 월급 100만 원과 똑같은 가치를 갖는 나의 소득입니다. 월급이라도 원하는 게 있다면 구입할 수 있고, 상여금이라도 걸리는 부분이 있다면 구입을 망설여야 합니다.

때문에 내가 우선인 돈 관리에서는 절약보다는 만족을 먼저 살펴보자고 제안합니다. 무조건 적게 쓰는 게 중요한 게 아니라 내가 지불한 만큼 만족감을 얻는지가 더 중요하기 때문입니다. 금액이 적든 크든 내가 지불한 만큼 대가가 만족스럽지 않다는 점을 알게 되면 저절로 소비를 줄이게 됩니다. 옆에서 아무리 쓰라고 해도 내가 손해 보는 일은 싫기에 그러한 말에 흔들리지 않게 됩니다.

반면에 쓰고 나서도 두고두고 만족스러운 소비는 후회가 없습니다. '돈, 참 잘 썼다' 하는 기분을 느껴본 적 있으신가요? 이러한 소비는 돈 쓰고 난 후의 허탈함도 없을뿐더러 오히려 열심히 일해야겠다는 동기를 부여해줍니다.

절약이 무조건 불필요하다는 이야기는 아닙니다. '내가 쓰는 돈은 전부 만족스럽다, 그런데도 내가 감당할 수 있는 수준을 넘어선다'면 절약은 피할 수 없겠지요. 하지만 그런 상황에서조차 먼저 줄여야 하는 부분은 '보다 덜 만족스러운 소비'입니다. 때문에 내가 우선인 돈 관리에서는 만족이 절약보다 우선입니다. 돈을 만족스럽게 쓰기는 생각보다 쉽지 않습니다. 그렇기에 소비의 만족도를 살피는 일은 신중한 소비를 위한 충분한 기준이 됩니다.

다이어트와 돈 관리는 닮았다?

돈 관리의 첫걸음은 통제가 아니라 관찰이다

'오늘부터 다이어트를 시작하겠어!'

이렇게 마음을 굳게 먹으면 그날 저녁 바로 떡볶이를 시키게 되는 마법이 펼쳐집니다. 아무리 굳게 마음을 먹어도 이 패턴은 바뀌지 않습니다. 그날 저녁이 다음 날 저녁으로 바뀌거나, 떡볶이에서 햄버거로 메뉴가 바뀐 적은 있습니다. 하지만 굳게 마음을 먹고 시작한 다이어트가 금세 물거품이 되고, 참았던 만큼 더 큰 보상을 받으려 한다는 점은 바뀌지 않았습니다.

돈 관리도 그렇습니다. 저는 예전에 종종 돈 관리에 규칙을 부여하곤 했습니다. '돈을 절약해야 해!', '옷은 그만 사야 해!' 등의 규칙을 부여하고, 스스로를 통제하려 했습니다. 그리고 그 결심에서 실패하면 참았던 만큼 더욱 과도한 소비를 했습니다. 그런 스스로를 바라보며 한심하다 여겼지만, 지금 생각해보면 이는 당연한 일일지도 모릅니다. 그 폭발 상태에서 관리 상태로 돌아오면 내 욕구들은 다시금 금지될 테니까요. 그러니 금지가 풀린 지금 유일한 이 기회에 내키는 대로 쓰는 행위는 지극히 합리적인 것이지요.

그런 면에서 다이어트와 돈 관리는 참 비슷하다는 생각을 합니다. 장기적으로 지속해야 한다는 점, 당장의 기쁨을 유예할 수 있어야 한다는 점, 그럼에도 나를 지나치게 억압하면 꼭 실패로 끝나기 마련이라는 점 등이 그렇습니다. 그렇다면 어떻게 당장의 기쁨을 유예하는 것과 나를 억압하지 않는 게 동시에 가능할까요?

식단 관리나 돈 관리처럼 장기적인 노력이 필요한 일에는 통제와 억압이 그다지 효과적이지 않습니다. 자기 통제를 위해서 우리는 의지력을 발휘해야 하는데요. 이 의지력을 발휘하는 데는 한계가 있기 때문입니다. 심리학자 로이 바우마이스터(Roy Baumeister)는 인간의 의지력을 하나의 '연료'로 비유합니다. 가스나 전기 등 다른 연료들처럼 인간의 의지력 역시 사용할 수 있는 양이 정해져 있다는 것이지요. 통제나 억압을 하는 과정에서 두뇌는 '인스턴트 음식은 안 돼!', '저 옷은 사면 안 돼!' 하고 의지력을 발휘해 결단을 내리는데요. 그 과정에서 두뇌는 많은 피로감을 느낍니다. 결국 의지력을 많이 사용할수록 두뇌는 과부하 상태에 놓이고, 어느 순간에 이르면 의지력은 동이 날 수밖에 없게 됩니다.

단기간에 끝나는 프로젝트라면 의지력을 이용해 자기 통제에 성공할 수 있을지도 모릅니다. 내일 밤까지 제출해야 하는 리포트를 위해 오늘 하룻밤 정도는 하얗게 불태울 수 있습니다. 하지만 식단 관리나 돈 관리처럼 장기적으로 해야 하는 목표는 통제와 억압을 통해 성공할 가능성은 낮아집니다. 의지력이라는 연료가 금방 고갈되고 말 테니까요.

특히 직장생활을 하면서 돈 관리에 추가적인 의지력을 사용하기는 더 쉽지 않습니다. 이미 아침에 일어나 출근을 하는 것만으로도 오늘 할당치의 의지력은 모두 소진할 때가 많습니다. 일을 하면서 쌓이는 피로감은 또 얼마나 많나요. 퇴근을 하면 의지력은커녕 조금도 더 생각하고 싶지 않을 때가 많습니다. 그렇기 때문에 지출 관리를 '굳센 마음으로', '의지력을 발휘하여' 하는 방식은 더 이상 믿을 수가 없습니다.

제가 수십 차례의 다이어트를 끝내고 만족스러운 식단 관리를 하게 된 시점은 더 이상 '이건 먹으면 안 돼!', '저것도 먹으면 안 돼!' 하고 스스로를 통제하던 일을 그만두고 나서부터입니다. 그렇다고 식단 관리를 포기했던 것은 아닙니다. 이런저런 규칙들을 만들어 저를 통제하는 대신에 어떤 음식을 먹었을 때 어떻게 느끼는지를 관찰하기 시작했습니다.

그러자 과자 금지, 떡볶이 금지, 술 금지 등 수많은 금지 사항들로 스스로를 가둬놓았을 때는 보이지 않던 새로운 점들이 보이기 시작했습니다. 과자를 먹으면 당장은 맛있지만 다음 날 얼굴에 뾰루지가 났습니다. 떡볶이는 잔뜩 쌓인 스트레스를 풀어주었지만 금세 속이 더부룩해 기분이 좋지 않았습니다. 술을 마시면 신이 났지만 다음 날까지 두고두고 피로감이 이어졌습니다. 그리고 더 이상 '이런 음식은 먹으면 안 된다'고 강요하지 않을 때, 그래서 비로소 그 음식을 먹을 수도 먹지 않을 수도 있는 선택권이 생겼을 때 이러한 결과들 역시 찬찬히 살펴볼 수 있었습니다. 그러자 완전히는 아닐지라도 좋지 않은 결과들을 가져다주는 음식을 먹는 횟수가 서서히 줄어들었습니다.

때문에 저는 통제 대신 관찰을 제안합니다. 규칙에 반항하듯 돈을 쓸 때에는 느끼지 못했던 부분이 관찰을 하기 시작하면 보입니다. 분위기가 좋아 마시긴 했지만 여기 커피 값이 비싸긴 하다는 사실이 처음으로 느껴집니다. 구입하고 읽지 않은 책이 보이기 시작하고, 무리해서 술값을 낸 후에는 마음이 찝찝하다는 걸 알게 됩니다. 그리고 그 패턴은 어찌나 분명한지요. 불편함을 느끼게 하는 소비는 반복적으로 나타나며 분명한 메시지를 줍니다. '여기에 쓰는 건 별로야'라고 말이지요.

그리고 그러한 메시지를 알고 나면 다음에는 선뜻 같은 곳에 돈을 쓰게 되지 않습니다. 쓰면 안 돼서, 쓸 수 없어서가 아니라 '쓰고 싶지 않기' 때문입니다. 그리고 외부의 규칙에 의해서가 아니라 그저 내가 원하지 않을 때 불만스러운 지출은 비교적 쉽게 줄어듭니다.

'그래도 통제가 필요한 거 아니야? 통제가 없으면 나는 바닥까지 써버릴지도 몰라'라며 생각할지도 모릅니다. 물론 통제 자체에 문제가 있지는 않습니다. 그러한 통제가 효과가 있었다면 얼마든지 지속해도 좋습니다. 하지만 지금까지 그런 방식을 통해 좋은 결과를 얻지 못했다면 다른 방식을 시도해봐야 하는 건 아닐까요?

원치 않는 숫자를 보여주는 가계부?

나답게 사는 선택에 따른 손해를 기꺼이 감수하자

"우리 예지가 예전엔 공부도 참 잘했는데……."

추석을 맞아 오랜만에 만난 작은아버지가 안타깝다는 듯 말씀하셨습니다. 아마 나름대로 착실한 학생으로 기억되는 제가 그럴싸한 대기업은커녕 프리랜서로 불안하게 사는 모습이 안타까우셨나봅니다. 그런데 왜일까요? 작은아버지의 그 말씀을 들으면서도 슬프기는커녕 괜히 웃음이 나왔습니다. 부모님은 물론 친척들까지 저를 불쌍히 여기지만 지금의 제가 매우 마음에 들기 때문입니다.

물론 안정적인 삶은 절대 아닙니다. 유튜브에서 본 한 프리랜서는 "프리랜서 좋냐고요? 굶어 죽기에 딱 좋아요!"라며 뼈 있는 농담을 했고, 저 역시 그러한 농담을 보며 마냥 웃을 수 없는 처지입니다. 불안감도, 겁도 많은 제가 어쩌다 이렇게 불안을 친구삼아 감정의 파도타기를 하고 있는지 어안이 벙벙합니다. 한 해 한 해 나이를 먹을수록 기업에 입사할 수 있는 기회는 멀어져가고, 점차 자리를 잡아가는 친구들만큼 돈을 모을 수도 없습니다.

그럼에도 느지막이 아침을 시작할 때, 의미 있는 일을 하고 있다고 느낄 때, 조금씩 알아봐주는 사람들이 늘어갈 때 가슴 깊은 곳에서 뿌듯한 떨림과 감사함을 느낍니다. 아무리 경제적으로 손해일지라도, 남들이 어리석다 말해도 제 선택에 대해 잘했다고 긍정하게 됩니다. 그리고 이러한 손해라면 감당할 수 있는 만큼은 최대한 감당하고 싶다고 결심합니다.

돈을 버는 일, 쓰는 일, 모으는 일은 모두 끊임없는 선택입니다. 그리고 각각의 선택에는 이익과 손해가 공존하지요. 내가 내리는 선택이 경제적 이익을 가져다주고, 손해를 보지 않는다면 더할 나위 없이 좋을 것입니다. 그럴 때는 돈 관리를 하고, 가계부를 보는 일도 즐겁습니다. 하지만 때로는 내가 하고 싶은 일, 돈을 쓰고 싶은 부분이 이익은커녕 손해가 날 때도 있습니다. 안 그래도 선택을 내리는 건 어려운데, 내 결정이 경제적으로 손해라면 더욱 망설이게 되겠지요. 결국 용기를 내 결정을 내렸다 해도 슬픈 잔고와 내 결정을 이해하지 못하는 주위 사람들을 보면서 잘못된 선택을 한 것은 아닌지 스스로를 의심하게 되기도 합니다.

하지만 저는 나다운 손해를 감수하자고 말하고 싶습니다. 결국 우리가 사는 이유가 '더 많은 이익을 남기기' 위함은 아니기 때문입니다. 경제적으로 손해라고 해도, 남들은 어리석다 말해도 그 선택이 꼭 잘못된 것은 아닙니다. 그리고 자신이 이미 내린 선택을 비난하지 않을 때 내 선택의 이익과 비용을 외면하지 않고 바라볼 수 있습니다. 무조건 다 괜찮을 거라고 합리화하거나 이제 다 망했다고 상황을 왜곡하지 않을 때 우리는 경제적으로도 현명하게 상황에 대처할 수 있습니다.

특히 아직 자리 잡지 못한 사회 초년생의 경우 나다운 손해를 수용하는 일이 얼마나 중요한지 다시금 느끼게 됩니다. 이 길이 아닌 걸 알면서도 빠듯한 생활 속에선 새로운 시도를 하기가 어렵습니다. 힘을 내어 새로운 길을 걷기 시작했을 때조차 경제적 문제를 생각하면 앞이 깜깜합니다. 새롭게 창업을 하거나 기술을 배울 땐 그 일로 인해 버는 돈보다 쓰는 돈이 많습니다. 그래서 수입과 지출을 정리하고 싶지가 않습니다. 가계부를 들여다봤자 고통스러운 마이너스뿐이니까요.

하지만 그렇다고 해서 덮어놓고 돈 관리를 외면한다면 실제로 나의 경제 상황이 어떻게 돌아가고 있는지 파악할 수 없습니다. 그래서 한 부분에서 경제적 손해를 보는 만큼 다른 부분에서 비용을 절감해야 한다는 점을 알지 못합니다. 혹은 지금 하고 있는 일이 내가 감당할 수 있는 만큼의 손해인지 판단을 내릴 수가 없습니다. 그래서 갖고 있는 자금을 소진할 때까지 다른 대안을 마련하지 못해 일찍 사업을 정리하게 될 수도 있습니다.

예진 씨는 공방에서 제작 수업을 하는 강사입니다. 상담을 시작했을 때 예진 씨는 이미 오랜 기간 누적된 생활비 적자로 신용카드 부채가 급속히 불어나고 있었습니다. 하지만 상담을 통해 파악한 공방 수업의 수익은 겨우 수업 재료비를 충당할 정도였습니다. 이러한 상태로 예진 씨가 생활을 유지할 수 있는 방법은 어디에도 없었습니다.

먼저 지출을 파악하여 내담자가 한 달에 필요한 생활비와 대출 상환액을 구했습니다. 그리고 이를 공방 수업의 수입과 비교한 결과, 예진 씨는 다른 일을 구할 필요가 있었습니다. 그렇다고 공방 일을 포기했던 것은 아닙니다. 주말에 일할 수 있는 직업을 구하고, 평일에는 공방 수업을 계속했습니다. 큰 부담이었던 신용카드 리볼빙은 이자가 낮은 은행 대출로 전환했습니다. 이렇게 현재 상황을 개선할 수 있는 적극적인 대처 방안을 찾음으로써 예진 씨는 빚도 갚고 공방 수업 역시 지속적으로 유지하며 커리어를 쌓아나갈 수 있었습니다.

왜 더 일찍 수입과 지출을 들여다보고, 빚을 정리할 수 없었느냐는 질문에 예진 씨는 대답했습니다. 너무 오랜 시간 방황한 끝에 찾은 적성이어서 포기하고 싶지 않았다고 말입니다. 그래서 예진 씨 역시 어느 정도는 문제가 있는 걸 감지하면서도 적극적으로 문제를 들여다보기가 어려웠다고 말이에요. 최근 그림 작업실을 개업한 수민 씨에게도 비슷한 이야기를 들었습니다. 제가 새로 출시한 가계부를 선물하자 그는 '요즘엔 나가는 돈이 많아서 내역을 정리해볼 용기가 나지 않는다'고 말했습니다.

내 선택이 돈이 되지 않는다는 것은 상당한 상처일지 모릅니다. 부모님은 돈도 벌 수 없는 일을 무엇 하러 하느냐고 나무라고, 남들에게 당당하게 이야기하기에도 조금 멋쩍은 기분이 듭니다. 그러나 손해를 볼지라도 오랫동안 원했던 여행을 가고, 새로운 일을 시작하고, 남들이 보기에는 쓸데없는 프로젝트를 해보는 것은 내가 나에게 줄 수 있는 선물입니다. 줄어드는 잔고를 보는 것은 분명 살 떨리는 일이지요. 하지만 이 선물을 위해서 지금껏 그렇게 열심히 일하고 돈을 모았던 것 아닌가요?

경제적으로 손해라는 사실이 우리가 원하는 선택을 포기해야 할 이유는 되지 않습니다. 그리고 손해를 보더라도 원하는 선택을 하려면 그 선택으로 인해 발생하는 비용을 감당할 수 있도록 대안을 세워야 합니다. 이는 원치 않는 숫자를 보여주는 가계부를 외면하는 게 아니라 더 철저하게 살피는 일로부터 시작됩니다.

OO살이면 얼마나 모았어야 할까요?

돈은 목적이 아닌 수단이다

'OO살이면 얼마나 모았어야 할까요?'

자주 가는 온라인 커뮤니티에는 며칠에 한 번꼴로 위와 같은 질문이 올라옵니다. 이 질문은 'OO살인데 얼마밖에 없어요. 괜찮을까요?' 라든가 'OO살인 분들, 얼마나 버시나요?' 등의 질문으로 변형되기도 합니다. 상담을 할 때도 이와 비슷한 질문을 자주 받습니다. 얼마를 벌고 얼마를 저축해야 '정상'인지, 자신과 비슷한 나이의 사람들은 보통 얼마만큼의 돈을 갖고 있는지 궁금해합니다.

이러한 궁금증을 반영하여 신한은행에서는 매년 '보통사람 금융생활 보고서'를 발간하는데요. 2018년 3월에 발간된 보고서에 따르면

20대 경제활동자 중 미혼의 경우 평균 243만 원을 벌고, 8,521만 원을 갖고 있으며(부동산 자산 포함), 1,117만 원의 부채를 지고 있다고 합니다. 물론 이 수치는 고소득자와 자산가까지 포함한 평균 금액이기 때문에 일반적인 사람들의 경제 상황이라고 보기는 어렵습니다. 하지만 그런 부분을 고려하더라도 이런 통계 수치를 보고 나면 좋아봤자 평균에 미쳤다는 안도감, 나쁜 경우 잘못 살고 있는 건 아닌가 하는 패배감이 들기 마련입니다.

사실 우리 모두 알고는 있습니다. 몇 살이면 얼마를 모아야 한다는 법 같은 것은 없다는 것, 그리고 각자 처한 상황과 사정이 다르다는 것. 하지만 그럼에도 자꾸 불안감이 엄습하는 건 왜일까요? 아무리 내가 괜찮다고 해도, 가진 것으로 나를 평가하는 사회에서 나는 정말 괜찮은 걸까요? 보잘것없는 잔고를 보면 나는 정상으로 인정받을 수 있는 건지, 졸지에 한심한 인간이 되어버리는 건 아닌지 초조하기만 합니다.

나다운 손해를 선뜻 감수하지 못하는 것도, 지난 소비에 대해 자꾸 후회하게 되는 것도 이러한 이유 때문입니다. 버는 돈과 모은 돈이 많을수록 나는 더 가치 있는 인간으로 여겨지고, 그 반대의 경우는 쓸모없거나 하찮게 느껴지니까요. 아, 물론 그렇지 않은 사람들도 많겠지만 저는 그랬다는 말입니다.

프리랜서는 고정적인 업무와 수입이 없습니다. 잘 진행하던 프로젝트가 어느 한순간에 중단되기도 하고, 하루아침에 수입이 끊기기도 합니다. 그럴 때면 '나 굶어 죽는 거 아니야?!', '나는 쓸모없는 인간이야!' 등등 온갖 비관적인 생각으로 스스로를 힘들게 합니다. 그런 저 자신을 보며 깨달았습니다. 입으로는 '모든 사람은 존중받아야 한다', '우리는 모두 소중한 사람이다' 등 듣기 좋은 말을 했지만 저부터가 '돈이 많으면 가치 있는 사람', '돈이 없으면 쓸모없는 사람'이라고 무의식적으로 여기고 있었다는 것을요.

그리고 그러한 사고방식을 갖고 있는 한 돈은 나보다 우선시될 수밖에 없고, 돈이 삶의 유일한 목표가 되기 쉽습니다. 어느새 1억 모으기, 10억 모으기가 삶의 목표가 되고, 이에 방해가 되는 선택이나 행위는 배척됩니다. 돈 모으기라는 목표에 부합할 때는 나 자신을 인정할 수 있지만, 조금이라도 그러한 모습에서 어긋나면 스스로를 용서할 수가 없습니다. '이게 정말 행복한 삶일까?' 저는 의문을 품게 되었습니다.

물론 돈이 많은 것은 기쁜 일입니다. 많이 벌고, 많이 모을 수 있다면 더할 나위 없겠지요. 사회에서 돈이 많을수록 '능력 있는 사람', '멋진 사람'으로 평가되는 것도 부인할 수 없는 사실입니다. 하지만 사회가 돈으로 나를 평가한다고 해서 나 역시 스스로를 돈으로만 평가해야 할까요? 오히려 남들이, 부모가, 사회가 나를 숫자로만 평가할 때도 자신을 이해해주고, 숫자 이상의 것을 봐주어야 하지 않을까요? 다른 사람들은 보이는 것으로 나를 평가할 수밖에 없다 해도, 보이지 않는 걸 알아줄 수 있는 사람은 자기 자신뿐이니까요.

상담을 하다보면 돈이라는 게 누군가에게는 너무 쉽게 주어지는 반면 또 다른 누군가에게는 너무나 잡히지 않는 신기루 같다는 생각을 합니다. 사회생활 초년기부터 부모님에게 물려받은 자산이 많고 그 뒷받침을 받아 좋은 직장을 얻어 높은 소득을 올리는 내담자가 있는가 하면, 대학 때부터 보증금을 해결하느라 대출을 전전하고, 어린 나이에 잘못된 대출을 받게 되어 설상가상으로 큰 고생을 한 사람도 있었습니다.

이 자리에서 수저 타령을 하며 세상을 욕하자는 이야기는 아닙니다. 다만, 다양한 배경을 갖고 있는 내담자들을 만나면서 개인의 능력이나 노력으로 여겨지는 경제적 자산을 정말 그 개인의 능력이나 노력이라고 평가할 수 있는지 회의감이 들었습니다.

돈의 유무와 나의 가치를 분리하는 일은 분명 어렵습니다. 특히 가진 게 없을 때, 그래서 스스로가 작아 보일 때는 더욱 그렇습니다. 하지만 나와 돈을 분리해서 평가할 때 내가 돈을 벌기 위해 존재하는 게 아니라 나를 위해 돈이 존재하게 됩니다. 그렇게 돈을 목적이 아닌 수단으로 사용할 때 우리는 돈을 벌기 위해 무조건 소진되지 않고, 모은 돈 역시 나를 이롭게 하는 방향으로 사용할 수 있습니다.

어른의 조건은 경제적 독립?

도움을 받아들일 때 사람은 겸손해진다

저는 성인이 된 이후 줄곧 어른이란 무엇일까를 고민해왔습니다. 아직 어리숙한 어린아이 그대로인 것 같은데 갑자기 붙은 성인이란 타이틀이 꽤 무거웠습니다. '제대로'가 무엇인지도 모르면서 앞으로는 제대로 해야 할 것만 같았고, 사회인이라는 신분에 걸맞게 행동해야 할 것 같았습니다.

이런저런 고민 끝에 어른답게 행동하기의 기본은 경제적 독립이라고 결론지었습니다. 내게 필요한 돈은 내 힘으로 해결할 수 있어야 진정한 어른이라고 믿었지요. 그래서 부모님이 경제적 도움을 주려 하실 때에도 거절했습니다. 도움받는 일을 쉽게 생각하는 사람들을 보면 이해하지 못했습니다. 도움을 받는 일은 나약한 일, 어른답지 못한 일이라고 여겼습니다.

하지만 경제 상담을 하면서 도움을 잘 받아들이는 태도도 중요한 능력이라는 생각을 하게 되었습니다. 살다보면 아무리 열심히 노력해도 경제적으로 어려울 때가 있습니다. 그 개인의 잘못일 때도, 혹은 불경기 등의 외부 요인일 때도 있습니다. 그러면 작게는 필요한 조치들을 알아보는 일부터 크게는 돈을 지원받는 일까지 타인에게 도움을 요청하고 받는 게 필요합니다.

하지만 도움을 받는 게 그렇게 쉬운 일은 아닙니다. 자존심도 상하고, 두고두고 마음의 짐이 되기도 하니까요. 한편으로는 도움을 준 사람에게 고마움을 느끼면서도, 다른 한편으로는 부채감에 그 사람이 불편해지기도 합니다. 그래서 필요할 때 도움을 잘 요청하고, 내가 도울 수 있을 때는 잘 보답하는 일이 생각처럼 간단하지만은 않습니다.

심리상담가 고코로야 진노스케는 저서 《이제부터 민폐 좀 끼치고 살겠습니다》에서 혼자 다 하지 말고 남의 도움을 받으라고 말합니다. 그에 따르면 다른 사람의 도움을 받아들일 때 사람은 겸손해진다고 합니다. 도움을 받게 되면 도움을 준 사람에게 저절로 감사하는 마음이 들기 때문입니다. 자기 혼자서 모든 것을 할 수 없다는 것을 알고, 타인의 부족함에도 너그러워집니다.

반면, 도움을 주기만 하고 받지 않는 사람은 거만해지기 쉽다고 말합니다. 지금까지 이룬 것은 다 자신이 잘나서 성취한 거라 여기고, 내가 해준 것에 대해 제대로 감사하지 않으면 토라지기도 쉽다고 말이에요. 듣다보니 고개가 끄덕여집니다. 제가 독립적이고 싶었던 이유도 나 혼자 잘 해낼 수 있다는 사실을 보여주고 싶어서는 아니었을까요.

물론 무조건 도움만 받으려는 태도가 능사는 아니겠지요. 그럼에도 저는 이 책을 통해 도움을 받는 일에도 긍정적인 측면이 있음을 알게 되었습니다. 그리고 도움을 받는 것의 거부감을 조금은 내려놓을 수 있었습니다. 실제로 경제 상담을 할 때 내담자에게 가장 먼저 묻는 것은 가족 관계입니다. 독신인지, 형제나 자매가 있는지, 부모님은 어떤 일을 하고 어떤 관계를 맺고 있는지는 그 사람의 경제적 문제와 떼려야 뗄 수 없는 부분이기 때문입니다. 부모님 부양 등으로 내담자가 가족들에게 도움을 주어야 할 수도 있고, 또 위급할 때는 아무리 그가 원치 않을지라도 가족들의 도움을 받아야 할 때도 있습니다.

하지만 상담을 진행하다보면 이러한 주고받음은 한쪽으로 치우친 경우가 많았습니다. 부모나 형제에게 도움을 받아본 사람은 계속 받기만 합니다. 위급할 때 도움을 받는 것은 좋지만, 혼자 해보지 않으면 늘지 않는 부분이 있는데 계속 도움을 받으니 성장하지 못합니다. 반대로 도움받기를 거부하는 사람은 계속 거부합니다. 조금 도움을 받으면 상황을 개선할 수도 있을 것 같은데 끝까지 그것을 용납하지 못합니다. 본인은 도움을 거절하면서도 주위에 도움을 받고 문제를 쉽게 해결하는 형제나 자매를 보며 실투나 분노를 느끼기도 합니다. 그렇다면 이번엔 도움을 요청해보면 어떻겠느냐고 물어도 그건 절대 받아들일 수 없다며 거부합니다.

주위의 도움을 받는 것도, 스스로 문제를 해결하는 것도 장단점이 있습니다. 주위의 도움을 받으면 문제를 비교적 빠르게 해결할 수 있는 반면 혼자 문제를 해결해나가는 능력은 기를 수 없습니다. 반면, 스스로 문제를 해결하면 그러한 능력은 기를 수 있겠지만 시간이 오래 걸리고 힘이 듭니다. 문제는 혼자 하는 것도, 도움을 받는 것도 아니라 어느 한쪽만을 고집하는 것입니다. 상황에 따라 혼자 해결하려 노력할 수도, 도움을 받을 수도 있어야 합니다. 무조건 '도움은 받으면 안 돼!'라든가 '도움이 없어서 난 안 돼!'라고 극단적으로 생각한다면 앞으로 나아가지 못하고 매번 같은 자리를 맴돌 뿐입니다.

그래서 저는 도움을 주고받자고 제안하고 싶습니다. 지금껏 '도움을 받는다니 말도 안 돼'라고 생각했던 분들은 눈을 질끈 감고 도움을 요청해보고, 항상 도움을 받아왔다면 혼자서는 어디까지 할 수 있는지 지켜보길 바랍니다. 어른으로 인정받지 못해도 괜찮습니다. 사람이 살다보면 독립적이지 못할 때도 있습니다. 그렇게 도움을 주기도 하고 받기도 하면서 살아가면 어떨까요?

PART 3

지출에 이름을 붙여준다

MY FIRST MONEY DIARY

“

쓰는 돈부터 살펴보는 게 왜 중요할까요?

그 이유는 우리가 돈 관리를 하는 궁극적인 목표가

잘 쓰기 위해서이기 때문입니다.

”

모든 지출에는 집이 있다

이제부터는 본격적으로 돈 관리를 위해 무엇을 해야 하는지 살펴보겠습니다. 돈 관리를 시작하면서 가장 먼저 해야 하는 것은 바로 내가 쓰는 돈을 들여다보는 일입니다. 그렇다면 쓰는 돈부터 살펴보는 게 왜 중요할까요? 그 이유는 우리가 돈 관리를 하는 궁극적인 목표가 잘 쓰기 위해서이기 때문입니다. 돈을 벌고, 아끼고, 모으는 이유는 결과적으로 그 돈을 필요한 때에 필요한 만큼 쓰기 위해서입니다. 아무리 돈이 많아도 엉뚱한 곳에 쓰인다면 항상 부족합니다. 반대로 가진 돈이 적더라도 원하는 곳에 적절하게 사용하면 부족함이 없고요. 때문에 현재 내가 원하는 것, 필요한 것은 무엇이며 실제로 거기에 얼마를 쓰고 있는지부터 살피는 일이 필요합니다.

물론 지출과 별개로 대출 상환이나 저축 같은 문제들도 중요합니다. 하지만 대출 상환은 과거에 내가 돈을 어떻게 '썼는가'와 관련이 있습니다. 저축은 미래에 내가 돈을 어떻게 '쓸 것인가'와 관련이 있습니다. 그렇기 때문에 대출 상환과 저축을 고민하기에 앞서 현재 내가 어떻게 쓰는지를 파악해야 합니다. 현재 돈을 어떻게 쓰는가를 알면 과거에 어떻게 썼는지를 가늠할 수 있습니다. 또 미래에 어떻게 쓸지도 예측할 수 있습니다. 따라서 지금 쓰는 돈을 살펴보기는 모든 돈 관리의 시작이 됩니다.

그런데 문제가 있습니다. 지금까지 가계부를 썼던 것처럼 일렬로 쓴 돈을 쭉 나열만 해놓으면 내가 어떻게 돈을 쓰고 있는지가 잘 파악되지 않는다는 것입니다. '오늘 커피에 얼마를 썼다', '어제는 책을 사는 데 얼마를 썼다' 등 이 모든 지출은 하나의 데이터입니다. 그런데 이들 데이터를 그대로 나열만 해서는 의미 있는 정보가 되지 못합니다. 식비에 얼마를 썼다, 옷값에 얼마를 썼다…… 그래서 결론이 무엇인가요? 식비에 얼마를 쓰고, 옷값에 얼마를 쓴 게 잘 쓴 건가요 못 쓴 건가요? 당최 알 수가 없습니다.

이러한 무수한 데이터가 유용한 정보가 되려면 데이터를 의미 있는 기준에 따라 분류해야 합니다. 바로 이 지출이 내 삶에서 무엇을 위한 지출인가에 따라 분류하는 것이지요. 모든 지출에는 그 돈을 지출함으로써 얻고자 하는 목표가 있습니다. 단순히 식비와 옷값에 얼마를 썼다는 기록은 그것이 적절한지 아닌지를 평가하는 데는 부족합니다.

하지만 나를 꾸미는 데 한 달에 얼마를 썼는지, 여가 생활을 위해서는 얼마를 썼는지를 알게 되면 그 금액의 적절성을 평가하기가 한결 쉬워집니다. 그래서 각각의 지출을 내 삶에 의미가 있는 목표, 이유에 따라 좀 더 크게 분류하는 것입니다. 그러면 각자 따로 놀던 데이터가 비로소 정보가 되어 그 적절성을 평가하기가 용이해집니다.

예를 들어 다음 5개의 지출을 살펴보겠습니다.

품목	가격
스타벅스 카페라테	4,900원
축의금	50,000원
기본 티	13,000원
cgv 〈어벤져스〉	11,000원
kt 휴대폰 월 요금	50,000원

이들 지출을 어떻게 분류하느냐에 따라 좀 더 쉽게 파악할 수 있습니다. 보통 일반적인 가계부에서는 다음과 같이 지출들에 이름을 붙입니다.

품목	가격	분류
스타벅스 카페라테	4,900원	간식
축의금	50,000원	경조사
기본 티	13,000원	의류
cgv 〈어벤져스〉	11,000원	영화
kt 휴대폰 월 요금	50,000원	통신

그리고 간식은 간식대로, 의류는 의류대로 묶어 통계를 냅니다. 물론 그것도 나름대로 의미는 있습니다. 간식비로 얼마가 나가는지, 옷값으로는 얼마가 나가는지 알 수 있으니까요. 하지만 먹는 데 얼마를 쓰는지, 옷이나 책을 사는 데 얼마가 드는지로만 분류해서는 분류 항목이 너무 상세합니다. 자세한 분류는 구체적인 내역은 알 수 있지만 전체적인 상황을 파악하는 데는 어려움이 있습니다. 따라서 내 지출을 효과적으로 파악하기 위해서는 이 소분류된 지출들을 무엇을 위해 한 지출인지에 따라 보다 크게 묶어주어야 합니다. 그렇게 위의 지출들을 목적에 따라 분류하면 다음과 같습니다.

품목	목적	분류
스타벅스 카페라테	기본적인 생존을 위한 비용	생활비
축의금	타인을 위한 비용	기여비
기본 티	꾸밈을 위한 비용	꾸밈비
cgv 〈어벤져스〉	취미생활을 위한 비용	활동비
kt 휴대폰 월 요금	고정적으로 지출되는 비용	고정비

똑같이 밥을 먹고 커피를 마셨더라도 나 혼자 쓸 때는 '생활비', 가족을 위해 쓸 때는 '기여비'가 됩니다. 똑같은 방향제를 구입했더라도 내 방에 두면 '생활비'가 되고, 차에 비치해둘 때는 '차량비'가 됩니다. 음식을 샀는지, 영화를 봤는지, 책을 샀는지도 중요하지만 더 나아가 그것이 무엇을 위해 소비되었는지가 더 중요한 것이지요.

처음 이러한 방법을 소개하면 정해진 규칙 없이 나만의 기준에 따라 분류하는 게 헷갈리지 않느냐는 질문을 받습니다. 하지만 오히려 외부에서 제시한 일률적인 분류법보다 나에게 의미 있는 방식으로 분류하기 때문에 기록된 결과를 직관적으로 이해할 수 있습니다. 그럼 이번 장에서는 1인 생활자의 지출을 목적에 따라 크게 일곱 가지로 나누어 살펴보겠습니다.

'통장'이 '텅장' 되는 비밀을 풀다

고정비

"왜 돈을 쓰지도 않는 것 같은데 돈이 항상 없죠?"

정답은 자동이체가 다 써버리기 때문입니다. 우리가 손 하나 까딱하지 않아도 매달 알아서 자동으로 나가는 비용을 고정비라 칭하는데요. 이 고정비는 차곡차곡 쌓여 매달 상당한 규모의 지출이 되곤 합니다. 엊그제 월급을 받은 것 같은데 부지런히 빠져나가는 고정비를 보고 있자면, 고정비를 돈이 사라지는 마법이라 부르고 싶어집니다.

특히 현대 사회에서 고정비의 형태로 지출되는 금액은 점점 다양해지고 있습니다. 기존에는 월세, 관리비, 공과금, 교통비와 통신비 등 생활의 극히 기본적인 부분만이 고정 지출로 빠져나갔습니다. 하지만 지금은 기업들이 점점 더 다양한 서비스를 고정비의 형태로 판매함으

고정비 예

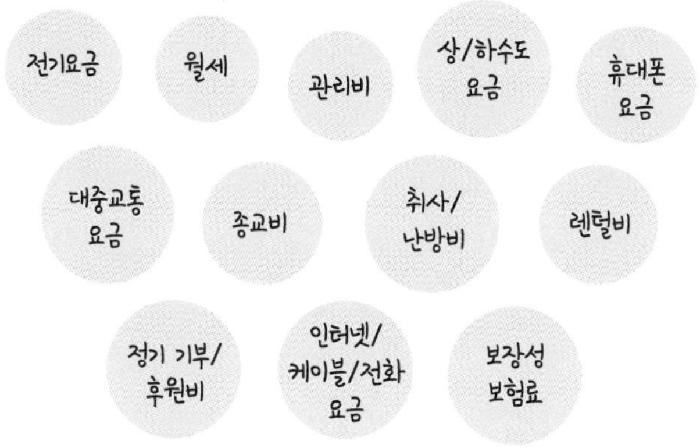

로써 개인의 고정비 역시 증가하고 있습니다. 예를 들어 유튜브는 매달 일정 금액을 내면 광고 없이 유튜브를 이용할 수 있는 유튜브 레드를 판매합니다. 스타벅스 역시 자동이체를 통해 매달 일정한 금액을 스타벅스 카드로 옮기도록 격려하고요.

저만 해도 개미지옥이라 불리는 방송 서비스 '넷플릭스'에 빠졌습니다. 넷플릭스는 월 이용료를 내면 무제한으로 영화나 TV 프로그램을 시청할 수 있는 서비스입니다. 한 달은 무료라 해서 시험삼아 신청해서 본 뒤로 한동안 넷플릭스에서 빠져나올 수 없었습니다.

이 책을 쓸 때도 '워크플로위'라는 문서 작업 프로그램의 도움을 받았습니다. 워크플로위는 글을 깔끔하게 쓰고 정리하는 걸 도와주는 프로그램입니다. 이 프로그램 역시 초기에는 사용료를 받지 않더니 사용량이 늘어나자 매달 유료 결제가 필요하더라고요. 이미 편리한 서비스에 익숙해진 저는 해외로까지 매달 서비스 이용료를 납부하고 있습니다.

물론 고정적으로 이용할 만큼 만족감이 높은 상품과 서비스이니 고정비가 되는 것이지요. 그럼에도 일단 고정비로 편입되면 다시 줄이기가 쉽지 않습니다. 고정비로 들어가는 순간, 내가 그 돈을 쓰고 있다는 사실조차 잊기 쉽거든요. 하지만 이렇게 쓰는지도 모르게 나가는 고정비가 늘어나면 내가 직접 쓸 수 있는 금액은 줄어듭니다. 그리고 체감할 수 있는 지출이 줄어들면 경제생활의 만족도가 떨어지기 마련이고요. 내가 고정적으로 지출하는 비용에는 어떤 것들이 있는지, 그 고정 비용의 총 금액은 총 지출액의 몇 퍼센트를 차지하는지 파악해야 하는 이유입니다.

다음은 1인 생활자 수진 씨와 가인 씨의 고정비 내역입니다. 두 사람의 사례를 살펴보고 내가 고정비에 사용하는 금액을 직접 구해보세요. 매달 같은 금액이면 그대로 적어주면 되고, 계절에 따라 금액 차이가 많이 나는 전기요금과 난방비는 여름과 겨울 요금의 평균치를 넣어주면 됩니다. 이 단계에서는 대략적인 비용을 파악해보는 것이기 때문에 너무 정확한 금액을 쓰려 애쓰지 않아도 괜찮습니다. 잘 기억이 나지 않는 비용들 때문에 망설이지 말고 잘 기억이 나지 않는 것들은 어림잡아 대략적인 금액을 넣어주세요.

수진 씨의 고정비

항목	월간	연간
월세	450,000	
관리비	50,000	
상/하수도 요금	10,000	
전기요금	10,000	
취사/난방비	25,000	
대중교통 요금	50,000	
인터넷/케이블/전화 요금	30,000	
휴대폰 요금	50,000	
렌털비	0	
보장성 보험료	30,000	
종교비	0	
정기 기부/후원비	0	
합계	705,000	

▶ **수진 씨의 고정비 합계** : 450,000 + 50,000 + 10,000 + 10,000 + 25,000 + 50,000 + 30,000 + 50,000 + 30,000

= 705,000

가인 씨의 고정비

항목	월간	연간
월세	70,000	
관리비	61,000	
상/하수도 요금	10,000	
전기요금	10,000	
취사/난방비	25,000	
대중교통 요금	20,000	
인터넷/케이블/전화 요금	16,500	
휴대폰 요금	70,000	
렌털비	0	
보장성 보험료	16,000	
종교비	0	
정기 기부/후원비	30,000	
합계	328,500	

▶ 가인 씨는 전세자금대출을 이용하여 월세가 나가지 않았습니다. 대신 전세자금대출이자 70,000원을 월세 대신 고정비로 적어주었습니다.

▶ **가인 씨의 고정비 합계 :** 70,000 + 61,000 + 10,000 + 10,000 + 25,000 + 20,000 + 16,500 + 70,000 + 16,000 + 30,000 = 328,500

나의 고정비

항목	월간	연간
월세		
관리비		
상/하수도 요금		
전기요금		
취사/난방비		
대중교통 요금		
인터넷/케이블/전화 요금		
휴대폰 요금		
렌털비		
보장성 보험료		
종교비		
정기 기부/후원비		
합계		

먹고사는 대견한 나, 쓰담쓰담

생활비

생활비는 우리가 기본적으로 먹고사는 데 드는 비용입니다. 식사를 위해 드는 식재료나 외식 비용, 휴지나 샴푸 등의 생활 소모품 비용 등이 여기에 해당합니다. 사실 상담을 하면서 지출을 줄여야 할 때 내담자들이 가장 먼저 줄이고자 하는 비용이 생활비입니다. 식재료나 생활 소모품, 병원 진료 등을 포괄하는 생활비의 소비 만족도가 다른 비용들에 비해 크게 높지 않기 때문입니다.

식사를 할 때, 휴지나 샴푸를 살 때 엄청난 쾌감이 있지는 않습니다. 오늘 밥을 먹을 수 있었다는 점 역시 굉장히 기쁘지는 않습니다. 그저 여느 날과 다름없이 하루의 생활을 했을 뿐입니다. 더 이

생활비 예

상 우리에게 먹고산다는 건 특별한 일이 아닙니다. 하루 세끼를 해결하고 생활에 필요한 물건들을 사는 것은 일상적인 일인 것이지요. 그런데 이런 기본적인 생활을 하는 데 이렇게 많은 비용이 나간다는 게 아깝습니다.

하지만 막상 생활비를 줄이기로 결심하면 계획대로 되지 않는 경우가 많습니다. 밥 한 끼를 먹었을 때 엄청나게 즐겁지는 않지만 한 끼를 굶으면 매우 고통스럽습니다. 근무 중에 사먹는 젤리 하나가 큰 기쁨은 못 되지만 근무 시간의 지겨움을 조금이나마 견디게 합니다. 이렇듯 생활비는 드라마틱한 행복을 주지는 못할지라도 우리의 일상을 든든하게 뒷받침해주는 비용입니다.

그런 점에서 생활비는 가족과 비슷한 느낌의 비용이라는 생각이 듭니다. 가족과 함께 있는 시간이 친구나 연인과 함께할 때처럼 짜릿한 즐거움을 주지는 못합니다. 하지만 가족과 말다툼이라도 하거나 가족 중 누가 아프기라도 하면 하루 종일 신경이 쓰이지요. 생활비도 있어서 좋은 것보다는 없을 때에야 소중함을 알게 되는 그런 비용인 것 같습니다.

먹고산다는 것은 우리의 생각보다 대단한 일입니다. 따라서 생존에 들어가는 이러한 비용을 아깝게 생각하기보다는 꼭 필요한 비용으로 인정해주어야 합니다. 수진 씨와 가인 씨의 생활비를 살펴보고 나는 생활비에 어느 정도의 금액을 지출하는지 계산해보세요. 매달 쓰는 비용은 월간에 적어주고, 그렇지 않은 비용은 먼저 연간에 적어준 다음 12로 나누어 월간 비용을 구해주세요.

수진 씨의 생활비

항목	월간	연간
식재료비	200,000	
외식/배달 음식/간식비	100,000	
건강식품/보약비	0	
병원비/약값	25,000	300,000
드라이/세탁비	10,000	
세탁용품비	4,166	50,000
욕실용품비	4,166	50,000
주방용품비	4,166	50,000
거실/침구/인테리어비	4,166	50,000
생활 소모품비	30,000	
반려동물 식비	0	
반려동물 의료비	0	
반려동물 용품비	0	
합계	381,664	

▶ 병원비는 매달 나가지 않고 1년에 30만 원 정도를 지출한다고 보았습니다. 그래서 연간 비용에 먼저 300,000원을 적어주었습니다. 300,000/12(개월)=25,000이므로 월간 비용에 25,000원을 적었습니다. 세탁, 주방, 욕실용품과 인테리어 용품 모두 같은 과정으로 연간 비용 50,000원을 12개월로 나눠 4,166원을 월간 비용에 적어주었습니다.

▶ **수진 씨의 생활비 합계** : 200,000 + 100,000 + 25,000 + 10,000 + 4,166 + 4,166 + 4,166 + 4,166 + 30,000 = 381,664

가인 씨의 생활비

항목	월간	연간
식재료비	100,000	
외식/배달 음식/간식비	400,000	
건강식품/보약비	50,000	
병원비/약값	8,333	100,000
드라이/세탁비	2,500	30,000
세탁용품비	2,500	30,000
욕실용품비	2,500	30,000
주방용품비	2,500	30,000
거실/침구/인테리어비	8,333	100,000
생활 소모품비	40,000	
반려동물 식비	0	
반려동물 의료비	0	
반려동물 용품비	0	
합계	616,666	

▶ 가인 씨는 따로 보약을 챙겨 먹지는 않지만 매일 먹는 종합비타민, 루테인, 유산균, 케일 가루 등을 합치면 건강식품 비용으로 약 50,000원을 썼습니다.

▶ **가인 씨의 생활비 합계** : 100,000 + 400,000 + 50,000 + 8,333 + 2,500 + 2,500 + 2,500 + 2,500 + 8,333 + 40,000 = 616,666

나의 생활비

항목	월간	연간
식재료비		
외식/배달 음식/간식비		
건강식품/보약비		
병원비/약값		
드라이/세탁비		
세탁용품비		
욕실용품비		
주방용품비		
거실/침구/인테리어비		
생활 소모품비		
반려동물 식비		
반려동물 의료비		
반려동물 용품비		
합계		

좋아한다면 지갑을 활짝 열어도 좋다

활동비

활동비는 기본적인 생존을 넘어 일상을 더 행복하게 만들기 위해 쓰는 비용입니다. 책을 사거나 영화를 보는 비용, 운동을 하고 마사지를 받는 등 취미와 여가를 즐기는 데 드는 비용이 활동비에 속합니다. 돈을 벌면서 가장 좋은 점은 꼭 필요하지는 않지만 하고 싶은 일에 마음껏 돈을 쓸 수 있다는 것 아닐까요? 물론 학생일 때도 책을 보고 영화를 관람하는 등 문화생활을 즐길 수 있습니다. 하지만 사회인이 되면 좀 더 원하는 곳에 적극적인 투자가 가능합니다. 그래서일까요. 지출 파악을 하고 가장 만족도가 높은 부분을 꼽아보라고 하면 많은 사람들이 활동비를 지목합니다.

활동비 예

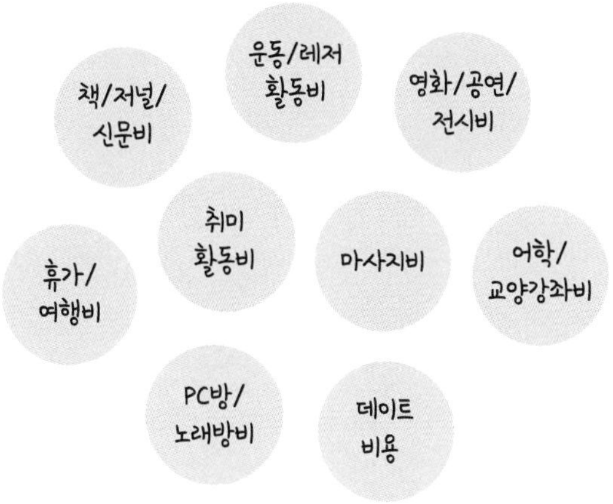

활동비를 보면 사람들이 얼마나 다양한 취미를 즐기는지 알 수 있어 재미있습니다. 운동 하나만 봐도 필라테스나 요가부터 자전거, 클라이밍 등 각양각색입니다. 언어만 세 가지를 배우는 사람, 공연 보기를 좋아하는 사람, 여행에 올인하는 사람 등 활동비를 보면 그 사람의 특성을 알게 되기도 합니다. 그리고 내가 좋아하는 곳에 돈을 쓸 수 있다는 건 분명 축복이지요.

하지만 마음 가는 데 돈 간다는 말이 있지요? 활동비는 내가 좋아하는 부분이다보니 절제가 안 되기도 해요. 가볍게 시작한 필라테스는 어느새 전문가 자격증을 따는 것까지 고려하고, 영화 역시 각종 영화제를 놓치지 않아야 마음 편해집니다. 여름이면 음악 페스티벌에 가야 하고, 겨울에는 보드와 스키도 놓칠 수 없습니다. 높아진 수준에 따라 교육비나 장비 등의 지출도 늘어납니다. 어느새 너무 많은 비용을 지출하고 있다는 걸 깨달아도 한번 높아진 수준을 낮추기란 쉽지 않습니다.

저는 책을 다량으로 구입하는 게 하나의 즐거움입니다. 서점에 예쁘게 비치되어 있는 신간들을 보면 저에게 꼭 필요한 것만 같아 차마 외면하지 못합니다. 문득 정신을 차려보면 책을 한가득 안고 계산을 하는 제 모습을 발견하곤 합니다. 좋아하는 책을 사는 게 문제는 아닙니다. 하지만 책을 보는 것 이상으로 그 순간 잔뜩 책을 계산할 수 있는 나를 좋아하고 있다는 생각이 들었습니다. 책 사는 데 쓰는 금액은 높아지고, 사놓고 읽지 못하는 책들이 많아졌습니다. 최근에는 그 습관을 고치려고 노력하고 있지만 한번 익숙해진 패턴을 바꾸는 데는 시간이 필요해 보입니다.

활동비에서 가장 인기 있는 항목은 바로 여행입니다. 여행 비용은 매달 나가는 비용이 아니다보니 간과하기가 쉬운데요. 1년에 대략 여행에 지출하는 비용을 가늠해보고 12개월로 나누어 여행을 위해 한 달에 지출하는 평균 비용을 구해보세요. 다음은 수진 씨와 가인 씨의 활동비 내역입니다.

수진 씨의 활동비

항목	월간	연간
책/저널/신문비	0	
운동/레저 활동비	120,000	
영화/공연/전시비	15,000	
취미 활동비	0	
마사지비	0	
어학/교양 강좌비	0	
휴가/여행비	83,333	1,000,000
PC방/노래방비	0	
데이트 비용	250,000	
합계	468,333	

▶ 수진 씨가 남자친구와 데이트를 하며 쓰는 식사 비용, 선물 비용 등은 모두 데이트 비용으로 넣어주었습니다. 데이트를 하며 쓰는 식사 비용은 꼭 먹기 위해 쓰는 비용이 아니라 남자친구와 좋은 시간을 보내기 위해 쓰는 비용이라고 여겼기 때문이에요. 한 번 남자친구를 만날 때마다 50,000원 정도 쓰는 편이니 한 달에 5번을 만난다고 치면 약 250,000원을 데이트 비용으로 쓰고 있습니다.

▶ **수진 씨의 활동비 합계** : 120,000 + 15,000 + 83,333 + 250,000
= 468,333

가인 씨의 활동비

항목	월간	연간
책/저널/신문비	30,000	
운동/레저 활동비	0	
영화/공연/전시비	20,000	
취미 활동비	0	
마사지비	0	
어학/교양 강좌비	0	
휴가/여행비	166,666	2,000,000
PC방/노래방비	0	
데이트 비용	0	
합계	216,666	

▶ **가인 씨의 활동비 합계** : 30,000 + 20,000 + 166,666

= 216,666

나의 활동비

항목	월간	연간
책/저널/신문비		
운동/레저 활동비		
영화/공연/전시비		
취미 활동비		
마사지비		
어학/교양 강좌비		
휴가/여행비		
PC방/노래방비		
데이트 비용		
합계		

그럴싸함이 주는 위안

꾸밈비

꾸밈비는 자신을 꾸미는 데 들어가는 비용을 말합니다. 머리를 다듬는 것부터 각종 화장품과 의류, 향수와 가방, 신발까지 다양한 비용이 포함됩니다. 요즘엔 어찌나 다양한 상품과 시술이 나오는지 돈과 의지만 있으면 머리부터 발끝까지 잘 관리된 모습을 유지할 수 있습니다. 예뻐지고 멋있어질 수 있는 방법이 많아서인지 주위 사람들 역시 다들 멋스러운 모습입니다. 다들 잘 꾸미고 다니니 사회의 기본 수준은 점점 더 높아집니다. 그러니 나 역시 그 기준을 맞추기 위해 노력할 수밖에요.

예뻐지는 내 모습을 보는 건 분명 즐겁습니다. 화장을 하는 것도,

꾸밈비 예

손톱에 다양한 색의 매니큐어를 바르는 것도 재밌습니다. 하지만 몇 가지 단계로 한정되었던 화장의 단계는 시간이 지남에 따라 브론징, 하이라이터, 브로우 마스카라 등으로 끝없이 늘어났습니다. 더 이상 집에서 하는 손톱 관리만으로는 충분하지 않았고, 잘 벗겨지지 않는 젤 네일 시술은 받아야 만족이 되었습니다. 속눈썹 연장과 보톡스 등 시술도 아니라는 시술들을 시작하고 나니 내 몸의 각 부분이 고쳐야 할 부분, 개선해야만 하는 부분으로 보이기 시작했습니다.

물론 자신을 꾸미는 게 갖는 의미는 사람마다 다르겠지요. 꾸미는 과정 자체가 즐거운 사람도 있고, 그 결과가 필요한 사람도 있을 것입니다. 내가 보기 위해서든, 다른 이에게 잘 보이기 위해서든 확실히 꾸밈은 단기간에 그럴싸함을 선물해줍니다. 살다보면 스스로의 초라

함을 주기적으로 확인하게 되는데요. 그러한 일상에서 '나 오늘 좀 멋 있는데?' 하는 느낌은 생각보다 큰 위안이 됩니다.

하지만 매일 그런 그럴싸함을 만들어내는 데는 만만치 않은 시간과 비용이 듭니다. 나와 남들의 그럴싸한 모습을 매일 보는 일 또한 때로는 지겹습니다. 어느 날 제 인스타그램을 보니 피드는 항상 비슷한 표정, 비슷한 얼굴로 찍힌 사진들로 도배되어 있더라고요. 예쁜 곳에서 예쁘게 찍은 사진들은 분명 좋아 보입니다. 하지만 매번 비슷한 표정과 포즈의 예쁜 모습만을 보는 일은 점점 지루해집니다.

사회는 계속 더 예뻐지고, 더 멋있어지라고 부추깁니다. 하지만 더 하고 더하는 그 과정 속에서 우리는 언제쯤 만족할 수 있을까요? 다행인지 불행인지 우리의 돈에는 한계가 있습니다. 한계가 주어진 돈은

수진 씨의 꾸밈비

항목	월간	연간
의류/속옷비	100,000	
신발/가방/모자비	50,000	
안경/렌즈비	4,166	50,000
머리 손질/관리비	25,000	300,000
화장품/미용용품비	12,500	150,000
지갑/액세서리비	20,000	
합계	211,666	

▶ **수진 씨의 꾸밈비 합계 :** 100,000＋50,000＋4,166＋25,000＋12,500＋20,000
＝211,666

좋든 싫든 적정선에서 나를 멈추게 합니다.

왼쪽과 오른쪽 2개의 표는 꾸밈비에 포함되는 항목들입니다. 수진 씨와 가인 씨의 한 달 꾸밈비를 살펴보고 나는 얼마나 쓰는지를 계산해보세요. 먼저 매달 들어가는 비용을 살펴보세요. 그리고 매달 구입하지 않는 것들은 계절에 한 번, 혹은 1년에 한 번 얼마씩 소비하는지 생각해보고 그 비용을 월간 비용으로 바꿔주세요. 마지막으로 월간 비용을 모두 더하면 나의 평균적인 꾸밈비를 알 수 있습니다.

가인 씨의 꾸밈비

항목	월간	연간
의류/속옷비	66,666	800,000
신발/가방/모자비	25,000	300,000
안경/렌즈비	0	0
머리 손질/관리비	25,000	300,000
화장품/미용용품비	8,333	100,000
지갑/액세서리비	0	0
합계	141,663	

▶ 가인 씨는 매 계절마다 200,000원 정도를 옷에 쓴다고 가늠했습니다. 그러면 의류에 쓰는 연간 비용은 한 계절에 쓰는 200,000원×4(계절)인 800,000원이 됩니다. 이 800,000원을 연간 비용에 우선 적어주고, 12로 나누어 월간 비용을 구하면 66,666원이 나옵니다.

▶ **가인 씨의 꾸밈비 합계 :** 66,666 + 25,000 + 25,000 + 8,333

= 141,663

나의 꾸밈비

항목	월간	연간
의류/속옷비		
신발/가방/모자비		
안경/렌즈비		
머리 손질/관리비		
화장품/미용용품비		
지갑/액세서리비		
합계		

나 혼자 안 산다

기여비

소민 씨는 친구들에게 선물하는 것을 좋아합니다. 누군가가 힘들어하면 작은 선물이라도 해줘야 마음이 놓입니다. 문제는 그러한 선물을 하고 난 뒤 마음이 편하지 않다는 것입니다. 선물을 하고 나서는 '내가 지금 이래도 될까? 나에게 이럴 여유가 있는 걸까?' 싶어 불안합니다. 실제로 가계부 정리를 해보고 우리는 함께 놀랐습니다. 몇만 원 수준의 선물들, 먼저 나서서 계산한 식사비 등을 모두 합치니 80만 원에 육박했으니까요.

기여비는 친구들이나 가족들, 지인들에게 들어가는 비용입니다. 부모님 용돈, 설날이며 추석 때 들어가는 비용, 지인들의 경조사 비용,

기여비 예

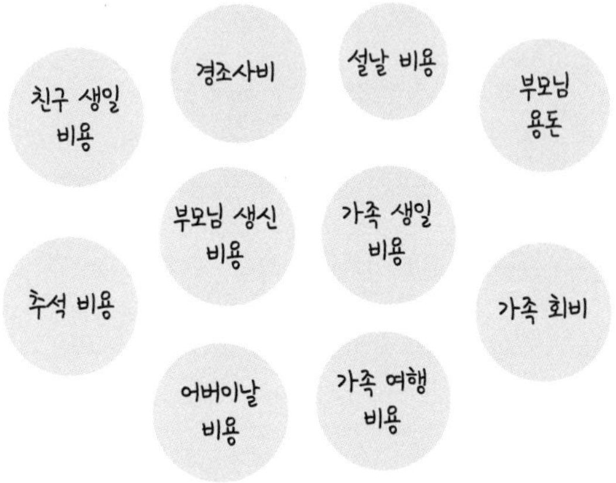

친구들의 생일 선물 등이 여기에 포함됩니다. 이런 비용은 나에게 쓰는 돈과는 또 다른 난점을 갖고 있습니다. 다른 사람에게 쓰는 비용이기 때문에 내가 줄이고 싶다고 해서 마음대로 줄이기가 어렵다는 것입니다.

사회에는 무언의 규칙이 있습니다. 경조사 비용으로 얼마가 적당한지는 이미 결정되어 있습니다. 나는 쓰고 싶지 않다고 해도 상대쪽에서 주는데 나만 계속 신세를 질 수도 없는 노릇입니다. 그러다보니 내가 쓰는 돈임에도 그 결정권이 나에게 온전히 있다고 느껴지지 않습니다. 설사 나만의 기준을 따른다 해도 무리에서 소외되지 않을까, 욕을 먹는 건 아닐까 걱정이 되기도 합니다.

그렇다고 해서 쓰고 나서 찜찜한 부분을 언제까지고 넘길 수는 없습니다. 분위기에 휩쓸려 낸 식사 비용, 무리해서 구입한 선물은 두고두고 마음에 남습니다. 그리고 좋은 마음으로 쓴 비용마저도 상황이 안 좋아지면 괜히 했나 싶은 후회의 감정을 부릅니다.

무엇보다 무서운 것은 내가 감당할 수 있는 이상으로 무언가를 베풀면 상대에게도 그만큼을 바라게 된다는 점입니다. 나는 이만큼 했는데 저 사람은 왜 그만큼 하지 않는 건지 화가 납니다. 분명 좋은 마음으로 시작한 게 맞는데, 나처럼 해주지 않는 상대에게 서운합니다. 그렇게 서운해도 말 못하는 감정이 쌓이면 더 이상 그 관계가 산뜻하게 유지되지 않겠지요.

사회생활을 하는 데는 비용이 듭니다. 그리고 남들에게 무언가를 해줄 수 있다는 것은 분명 기쁨입니다. 혼자는 외롭고, 결국 우리는 함께 살아가기를 원하니까요. 하지만 그 기쁨이 온전히 기쁨으로 유지되기 위해서는 누구도 아닌 내가 그 기준을 잡고 책임을 지는 태도가 필요합니다. 사회적으로 통용되는 분위기, 관습이 어떠하든지 내가 할 수 있는 선에서 기여하고, 그에 따른 책임을 집니다. 그렇게 할 수 있을 때 돈뿐만이 아니라 소중한 관계들도 끝까지 지켜나갈 수 있을 것입니다.

수진 씨의 기여비

항목	월간	연간
친구 생일 비용	15,000	180,000
경조사비	41,666	500,000
설날 비용	8,333	100,000
추석 비용	8,333	100,000
부모님 생신 비용	16,666	200,000
부모님 용돈	0	
가족 생일 비용	8,333	100,000
가족 회비	0	
가족 여행 비용	0	
어버이날 비용	8,333	100,000
합계	106,664	

▶ **수진 씨의 기여비 합계 :** 15,000 + 41,666 + 8,333 + 8,333 + 16,666 + 8,333 + 8,333 = 106,664

가인 씨의 기여비

항목	월간	연간
친구 생일 비용	25,000	300,000
경조사비	41,666	500,000
설날 비용	16,666	200,000
추석 비용	16,666	200,000
부모님 생신 비용	16,666	200,000
부모님 용돈	0	
가족 생일 비용	8,333	100,000
가족 회비	0	
가족 여행 비용	0	
어버이날 비용	16,666	200,000
합계	141,663	

▶ **가인 씨의 기여비 합계 :** 25,000 + 41,666 + 16,666 + 16,666
+ 16,666 + 8,333 + 16,666
= 141,663

나의 기여비

항목	월간	연간
친구 생일 비용		
경조사비		
설날 비용		
추석 비용		
부모님 생신 비용		
부모님 용돈		
가족 생일 비용		
가족 회비		
가족 여행 비용		
어버이날 비용		
합계		

자동차 먹여 살리기

차량비

'차를 살까 말까?'

직장생활을 시작하고 어느 정도 회사에 적응되면 시작되는 질문이 바로 차를 살 것이냐 말 것이냐입니다. 확실히 차가 있으면 편리합니다. 움직일 수 있는 활동 범위가 넓어지니 일단 놀러 다니기가 좋고요. 출근길 지옥철을 피할 수 있을 뿐만 아니라, 한 시간 이상 걸리던 이동 거리가 30분으로 줄어듭니다. 또 무거운 짐을 옮겨야 할 때는 얼마나 편한가요.

세간에는 직장생활 3년 차가 되면 차를 구입하는 게 좋다는 이야기가 떠돕니다. 차를 구입하면 할부금이 생기는데 그 할부금을 갚기 위

차량비 예

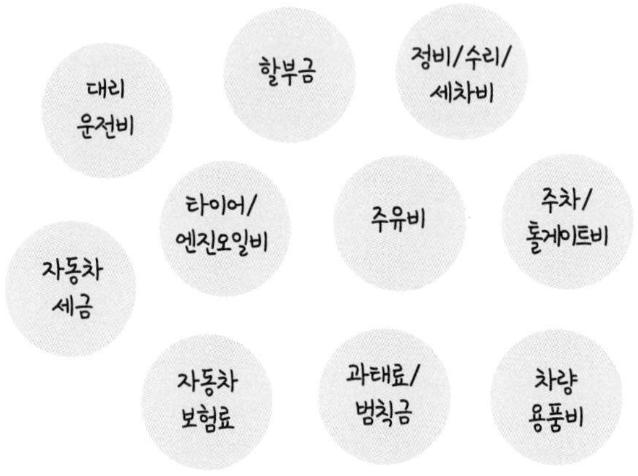

해 회사 생활을 버티게 된다는 것입니다. 이유야 어찌 되었든 자동차의 유혹은 강력합니다. 꼭 사야 할 이유가 없다면 그 이유를 만들어서라도 사고 싶을 만큼 말입니다.

하지만 차를 굴리는 데는 생각보다 더 많은 비용이 들어갑니다. 쉽게 생각할 수 있는 자동차 할부금, 주유비, 주차비를 제외하고도 차량을 정기적으로 정비하고 수리하는 비용이 듭니다. 세차를 하는 비용, 타이어와 엔진오일 등을 교체하는 비용도 있고요. 먼 거리를 이동할 때 드는 톨게이트 비용, 자동차 보험과 세금, 차량 액세서리도 빼놓을 수 없습니다.

자동차 역시 사람처럼 제때 먹여주고, 아프면 고쳐주고, 보험을 들고, 세금을 내줘야 하는 것이지요. 결국 자동차를 유지하는 데는 한 사람을 부양하는 것에 버금가는 비용이 듭니다.

단순히 차량 할부금을 낼 수 있다고 해서, 대중교통비와 주유비가 비슷할 것 같아서 차를 구입한다면 추후 예상치 못했던 추가 비용 때문에 놀랄 수 있습니다. 차량을 구입하고 싶다면, 혹은 이미 갖고 있다면 이렇게 차량을 관리하는 데 들어가는 비용 역시 함께 고려해야 합니다.

과연 자동차만 그럴까요. 무언가를 갖는 선택은 그것을 관리하는 책임을 동반합니다. 어떤 물건이든 정기적으로 관리하고 살피지 않으면 제 역할을 하지 못하게 되니까요. 자동차도, 집도, 옷도, 심지어 인간관계도 그렇습니다. 무언가를 살까 말까 고민되는 순간에 이후의 관리에 대해서도 고민한다면 보다 만족스러운 지출을 할 수 있을 것입니다.

다음은 수진 씨와 가인 씨의 차량비 내역입니다. 수진 씨는 차가 없어 차량비 합계가 0입니다.

수진 씨의 차량비

항목	월간	연간
할부금	0	
정비/수리/세차비	0	
타이어/엔진오일비	0	
주유비	0	
주차/톨게이트비	0	
과태료/범칙금	0	
자동차 보험료	0	
자동차 세금	0	
대리운전비	0	
차량용품비	0	
합계	0	

▶ **수진 씨의 차량비 합계** : 0

가인 씨의 차량비

항목	월간	연간
할부금	0	0
정비/수리/세차비	8,333	100,000
타이어/엔진오일비	8,333	100,000
주유비	200,000	
주차/톨게이트비	120,000	
과태료/범칙금	8,333	100,000
자동차 보험료	83,333	1,000,000
자동차 세금	16,666	200,000
대리운전비	8,333	100,000
차량용품비	2,500	30,000
합계	455,831	

▶ **가인 씨의 차량비 합계 :** 8,333 + 8,333 + 200,000 + 120,000 + 8,333 + 83,333 + 16,666 + 8,333 + 2,500 = 455,831

나의 차량비

항목	월간	연간
할부금		
정비/수리/세차비		
타이어/엔진오일비		
주유비		
주차/톨게이트비		
과태료/범칙금		
자동차 보험료		
자동차 세금		
대리운전비		
차량용품비		
합계		

예상 못한 일은 일어나기 마련

예비비

지금까지 기본적으로 먹고사는 비용부터 취미생활을 하는 비용, 나를 꾸미는 비용, 차량 관리 비용, 타인에게 기여하는 비용까지 우리가 살아가면서 쓰는 다양한 비용들을 살펴봤습니다.

하지만 이렇게 꼼꼼히 지출을 정리해도 예상치 못한 비용이 발생하기 마련입니다. 예상하지 못했지만 발생하기 마련인 특수 지출을 예비비라고 부릅니다. 적게는 공인 인증서 재발급 비용, 은행 수수료부터 많게는 2년마다 발생하는 이사 비용까지 앞의 여섯 가지 중 어디로도 포함시키기 어려운 애매한 비용들이 있습니다.

이러한 비용은 일상적인 비용으로 보기 어렵기 때문에 예비비로 따로 정리해줍니다. 그리고 이 예비비는 매달 크고 작게 발생하며 지출의 한 축을 차지합니다.

저 역시도 처음 가계부를 썼을 때는 이러한 예비비의 존재를 간과했습니다. 예상치 못한 비용이 발생해도 '이번 달은 이런 일이 있어서 특별히 그런 거야. 특수한 경우니까 다음 달엔 지출이 줄어들겠지'라고만 생각했습니다. 그때만 해도 생각이 짧았던 것입니다. 하지만 이번 달엔 이런 일이 생기면 다음 달엔 또 다음 달만의 사건이 새로 생겼습니다.

가계부를 쓴 기간이 아무리 늘어나도 예상치 못한 비용은 항상 발생했습니다. 그래서 그 쓰임은 각각 다를지언정 매달 크고 작게 예상치 못한 비용이 꾸준히 발생한다는 걸 인정해야 했습니다.

예비비는 예상치 못한 비용이기 때문에 미리 액수를 특정하기는 어렵습니다. 그래서 구체적인 항목을 정해두기보다는 지출이 초과될 수 있는 여유 비용을 임의로 책정해두는 것입니다. 그래야 예상치 못한 상황에서도 예산을 초과하지 않고 생활할 수 있으니까요.

내 일상에서 예측하지 못한 지출이 발생하기 마련이라는 걸 인정하고 임의의 예비비를 정해두세요. 그래야 예상치 못한 비용이 실제로 발생해도 당황하지 않고 처리할 수 있습니다.

수진 씨의 예비비	매달 100,000원으로 설정
가인 씨의 예비비	매달 50,000원으로 설정
나의 예비비	매달 ______원으로 설정

지출을 알아야 예산을 짠다

우리가 살아가면서 쓰는 모든 비용을 일곱 가지 카테고리로 분류해보았습니다. 어떤 비용이 어디에 속하는지 아시겠나요? 각각의 비용이 꼭 그 카테고리에 속해야 하는 것은 아닙니다. 내가 더 직관적으로 느끼는 방식으로 카테고리를 바꿀 수도 있습니다.

예를 들면 찬영 씨는 운동하는 비용을 기본적인 생활이라 생각해 '생활비'에 포함시킵니다. 반면, 소정 씨는 운동을 외적인 꾸밈을 위한 것이라고 생각해 '꾸밈비'에 포함시킵니다. 지혜 씨는 운동을 취미생활로 생각하기에 '활동비'에 포함합니다. 이런 식으로 내가 결정자가 되어 이 비용이 어디에 속하는지 판단하면 됩니다.

개인별로 자신이 중요하게 생각하는 분야가 다르기 마련이고, 그에 따라 지출 금액도 다르게 나타납니다. 어떤 게 옳고 어떤 게 그르다고 판단할 필요는 없습니다. 다만, 나에게는 어떤 부분이 중요하고 그 부분에 실제로 내 돈을 투자하고 있는지, 중요하지 않은 부분은 어떤 부분이고 그 부분에서 비용을 절감하고 있는지 확인하면 그만입니다.

내가 쓰는 일곱 가지 지출별 금액과 총 합계를 보면 대략적으로 내 경제 상황을 파악할 수 있습니다. 수진 씨의 경우 한 달의 총 지출액이 197만 원이라는 걸 알았습니다. 각각의 지출을 총 지출액에 대비하여 살펴보니 고정비로 36퍼센트, 생활비로 19퍼센트, 활동비로 24퍼센트를 쓰고 있었고 꾸밈비로는 11퍼센트, 기여비로 5퍼센트, 예비비로 5퍼센트를 쓰고 있었습니다.

수진 씨의 지출 총액

소속	지금 쓰는 돈	비율
고정비	705,000	36%
생활비	381,664	19%
활동비	468,333	24%
꾸밈비	211,666	11%
기여비	106,664	5%
차량비	0	0%
예비비	100,000	5%
합계	1,973,327	100%

수진 씨의 지출 비율

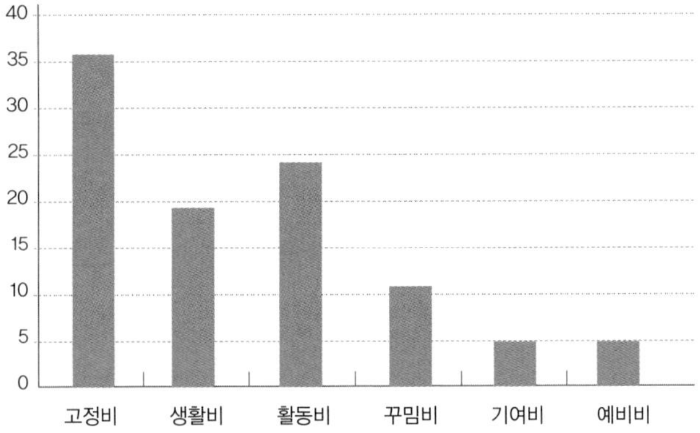

이렇게 항목별 지출 비율을 살펴보면 어떤 부분은 생각보다 많이 지출하고 있는지, 또 어떤 부분은 생각보다 지출액이 적은지 알 수 있습니다. 그리고 각각의 비용에 내가 쓰는 만큼 만족도를 느끼고 있는지도 파악하기가 수월하고요. 가인 씨의 총 지출액도 살펴볼까요?

가인 씨의 지출 총액

소속	지금 쓰는 돈	비율
고정비	328,500	17%
생활비	616,666	32%
활동비	216,666	11%
꾸밈비	124,999	6%
기여비	141,663	7%
차량비	455,831	24%
예비비	50,000	3%
합계	1,934,325	100%

가인 씨의 지출 비율

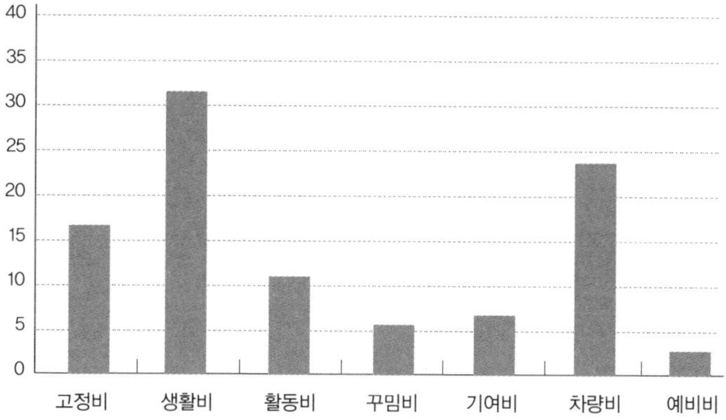

이렇게 두 사람의 지출 금액만 살펴보아도 사람에 따라 지출하는 부분이 얼마나 다른지 쉽게 알 수 있습니다. 수진 씨는 평균적으로 197만 원을 사용하고 가인 씨는 193만 원을 사용해 두 사람이 쓰는 금액은 비슷합니다. 하지만 두 사람이 약 200만 원을 어디에 사용하는지는 매우 다른 모습을 보입니다. 여러분도 다음 쪽에 제시된 표에 앞에서 정리했던 항목별 지출 금액을 정리해보고, 총 지출액 대비 퍼센트를 구해보세요.

세부적인 지출 내역을 살펴보았다면 이제 전체적인 그림을 볼 차례입니다. 수진 씨의 경우 수입이 250만 원인데요. 수진 씨의 수입 250만 원에서 총 지출액인 197만 원을 빼면 약 53만 원이 남습니다. 그런데 수진 씨가 매달 드는 적금이 40만 원이고 학자금 대출을 갚는 금액이 30만 원입니다. 그럼 남은 53만 원에서 매달 추가적으로 70만 원이

나의 지출 총액

소속	지금 쓰는 돈	비율
고정비		
생활비		
활동비		
꾸밈비		
기여비		
차량비		
예비비		
합계		

나의 지출 비율

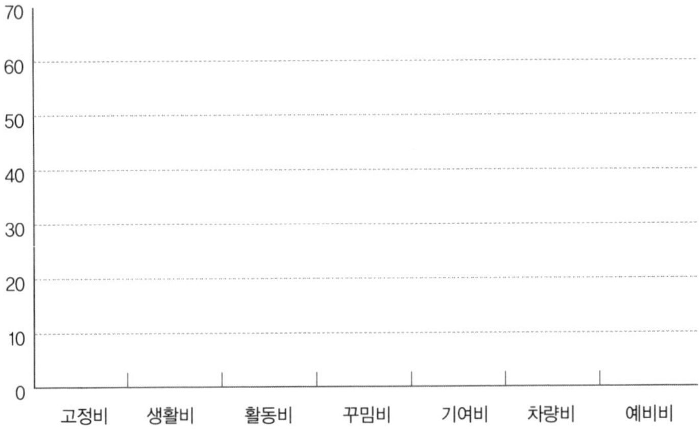

빠져나가겠지요? 58만 원에서 70만 원을 빼면 −17만 원이 나옵니다. 들어오는 돈에 비해 나가야 할 돈이 매달 평균적으로 17만 원 더 많은 것이지요. 이렇게 들어온 돈(수입)에서 나가는 돈(지출)을 빼준 금액을 '수지 차'라고 부릅니다. 단, 수지 차에서의 지출은 내가 당장 쓰는 돈뿐만 아니라 저축을 위해 모으는 돈, 대출을 갚는 돈도 포함한다는 걸 유의하세요.

수진 씨의 수지 차

250만 원(들어온 돈)
− 197만 원(쓰는 돈)
− 40만 원(모으는 돈)
− 30만 원(갚는 돈)

= −17만 원

수진 씨처럼 들어오는 돈보다 나가야 할 돈이 많으면 생활이 어떻게 유지될까요? 먼저, 내가 미처 파악하지 못한 수입이 있어 그 수입으로 부족분 17만 원을 해결할 수 있습니다. 그게 아니라면 평균적으로 17만 원씩 신용카드 대금이 쌓일 수도 있고요. 따로 부채가 늘지 않는다면 평소에 미래에 써야 할 돈까지 미리 쓰고 나중에는 모은 적금을 해지해서 쓰는 경우도 있습니다.

보통은 제일 마지막 경우가 흔합니다. 그렇기 때문에 수진 씨는 40

만 원 정도 적금을 들고 있지만, 나중에 모아서 쓰는 비용까지 고려하면 실질적으로 저축하는 금액은 23만 원이라고 보면 됩니다.

다음으로 가인 씨의 수지 차를 살펴볼까요? 가인 씨 역시 250만 원을 벌고 있습니다. 그중 193만 원을 쓰고 있고, 40만 원을 모으고 있네요. 빌린 돈은 따로 없어 대출 상환에 들어가는 돈은 없습니다. 들어온 돈 250만 원에서 쓰는 돈 193만 원과 모으는 돈 40만 원을 빼면 17만 원이 남습니다. 그래서 가인 씨의 수지 차는 매달 플러스 17만원 가량이 됩니다.

가인 씨의 수지 차

250만 원(들어온 돈)
− 193만 원(쓰는 돈)
− 40만 원(모으는 돈)

= +17만 원

가인 씨처럼 수지 차가 플러스면 좋은 걸까요? 왠지 수지 차가 마이너스인 것보다는 플러스인 게 좋아 보이죠? 하지만 유의할 점은 우리가 이미 수지 차를 계산할 때 모으는 돈까지 고려했다는 점이에요. 그럼 남는 돈 17만 원은 무엇일까요? 매달 17만 원가량이 지금까지 가인 씨의 통장에 그대로 쌓였다면 가인 씨는 적금을 40만 원씩 하고 있었을 뿐이지 실제로 모으는 돈은 57만 원이라는 이야기가 됩니다.

생각보다 더 많은 돈을 모으고 있었다는 게 문제될 건 아니지요. 하지만 통장에 그만큼 남는 돈이 없다면 어떨까요? 가인 씨는 193만 원 정도를 쓴다고 생각했지만 실제로는 미처 파악하지 못한 곳에 17만 원가량을 더 쓰고 있다는 뜻입니다.

지금까지 수진 씨와 가인 씨의 사례를 통해 내가 쓰는 돈을 파악하는 법을 알아보았습니다. 이렇게 쓰는 돈을 구체적으로 살피는 이유는 앞으로 내 돈을 더 내 뜻대로 잘 쓰기 위해서입니다. 지금까지 어떻게 쓰고 있었는가를 알아야 앞으로 어떻게 쓸 것인지 방향을 잡을 수 있으니까요.

앞서 수진 씨의 수지 차가 마이너스 17만 원이라는 것을 확인했습니다. 수진 씨가 모으는 돈이 특별한 목적이 없다면 이렇게 생활하는 데는 아무 문제가 없습니다. 하지만 보증금 인상이나 대학원 진학 등 다른 목표를 위해 모으던 돈이라면 수진 씨의 지출에는 조정이 필요하겠지요? 지금 쓰는 돈에서 17만 원을 줄여 추후에도 적금을 건드리지 않고 생활할 수 있게 만드는 거예요. 그리고 앞으로는 어디에 얼마를 쓰면 좋을지 계획하는 이 작업이 바로 '예산 세우기'입니다.

그러면 어떤 지출을 줄이면 좋을까요? 각자의 취향대로, 나에게서 우선순위가 떨어지는 것부터 줄이면 됩니다. 수진 씨는 17만 원을 줄여야 하니 활동비에서 10만 원, 꾸밈비에서 7만 원을 줄여보기로 했습

수진 씨의 지출과 예산

소속	지금 쓰는 돈	예산
고정비	705,000	705,000
생활비	381,664	381,664
활동비	468,333	368,333
꾸밈비	211,666	141,666
기여비	106,664	106,664
차량비	0	0
예비비	100,000	100,000
합계	1,973,327	1,803,327

니다. 이렇게 항목별로 그 예산이 정해져 있어야 추후 가계부를 쓸 때 내 지출을 평가할 수 있는 기준이 생깁니다. 또한 항목별 예산이 없을 때는 돈을 쓸 때 총 수입인 250만 원을 떠올리며 의사결정을 내리게 되는데요. 항목별 예산이 있을 경우에는 옷을 살 때는 꾸밈비의 예산을, 밥을 먹을 때는 생활비의 예산을 고려해서 지출하기 때문에 과소비를 줄일 수 있습니다.

가인 씨는 수지 차가 플러스 17만 원이었기 때문에 쓰는 돈이나 모으는 돈, 갚는 돈에서 17만 원만큼을 올려주어 예산을 잡아줍니다. 그래야 가인 씨가 파악하지 못하고 새는 돈이 없어지는 것이지요. 가인 씨는 10만 원은 추가 적금을 들고, 평소 너무 투자를 하지 않는다고

가인 씨의 지출과 예산

소속	지금 쓰는 돈	예산
고정비	328,500	328,500
생활비	616,666	616,666
활동비	216,666	216,666
꾸밈비	124,999	194,999
기여비	141,663	141,663
차량비	455,831	455,831
예비비	50,000	50,000
합계	1,934,325	2,004,325

느꼈던 꾸밈비 부분에 7만 원가량을 더해주기로 했습니다.

예시를 모두 살펴보았다면 이제는 내가 쓰고 사는 돈을 직접 정리해보겠습니다. 118쪽 표에 앞에서 정리한 일곱 가지 지출의 금액을 한 번 적어보세요. 그리고 앞으로는 각각의 지출에 얼마를 쓰고 싶은지 수입과 저축, 대출 상환액을 고려하여 적어보세요. 여러분의 현재 수입에서 저축과 대출 상환액을 제외한 금액이 예산 합계가 되어야 합니다.

나의 지출과 예산

소속	지금 쓰는 돈	예산
고정비		
생활비		
활동비		
꾸밈비		
기여비		
차량비		
예비비		
합계		

PART 4

오늘이 행복해지는 머니 다이어리

MY FIRST MONEY DIARY

“

스스로에게 자유를 주면서도 고난에 처하지 않으려면
현재 내 경제적 상황이 어떤지를
파악하고 있어야 합니다.

”

가계부는 훌륭한 일기장이다

앞서 '절약하지 않아도 된다', '통제하지 않아도 된다', '오늘의 행복을 위해 돈을 써도 된다' 등 최대한 돈 관리에 있어 우리가 스스로에게 부여하는 금지 사항들을 없앴습니다. 하지만 그 금지 사항을 모두 없애고 아무것도 하지 않는다면 돈 관리를 한다고 말하기는 어려울 것입니다. 앞서 모든 금지 사항을 없앤 대신 꼭 해야 할 한 가지가 있다면 그건 바로 가계부를 적는 것입니다.

가계부란 말을 보자마자 읽던 책을 덮고 싶으신가요? '또 그 이야기야? 가계부는 써볼 만큼 써봤다고' 하며 짜증이 날지도 모릅니다. 실제로 경제 교육에 가서 수강생들에게 물어보면 다들 한 번쯤은 가계부를 써본 경험이 있다고 대답할 정도로 가계부는 우리에게 익숙한 돈 관리 도구입니다. 하지만 지금까지 계속 가계부를 쓰는 분들이 있느냐고 물어보면 그 수가 10분의 1로 줄어들 정도로 지속적으로 쓰기 어려운 도구이기도 하고요. 가계부를 많이 써보고, 또 지속적으로 쓰기에 몇 번이나 실패했기에 가계부에 대한 인식이 '어렵고 귀찮은 것', '나와 맞지 않는 것'으로 굳어진 경우도 많았습니다.

하지만 가계부를 쓰거나 활용하는 방식은 생각보다 다양합니다. 가계부를 쓰는 방식이 달라지면 가계부를 통해 알게 되는 것 역시 달라집니다. 지금까지 가계부 쓰기에 큰 의미를 느끼지 못했다면 가계부를 활용하는 기술을 몰랐기 때문일지도 모릅니다.

다이어리나 스케줄러를 떠올려보세요. 사람에 따라 다이어리에 기록하는 내용이나 방식이 다르고, 그에 따라 얻는 게 다르잖아요. 누군가는 일정만 간단하게 적어두고 약속을 기억하는 도구로 이용하는 반면, 다른 누군가는 일정 관리부터 그날의 소회와 업무상 얻은 노하우까지 기록하며 다이어리를 무엇과도 바꿀 수 없는 보물로 만들기도 합니다. 사람에 따라 하루 동안 감사한 점이나 행복한 순간을 기록하는 칸을 만들고, 일상에서 주목하고 싶은 부분에 집중하기도 하고요.

가계부 역시 나에게 맞게, 보다 효과적인 방식으로 기록할 수 있습니다. 내가 얻고 싶은 정보를 위주로 날것의 가계부를 굽고, 찌고, 튀길 수 있습니다. 저는 가계부를 쓰면서 지출 조절에 도움을 받았을 뿐 아니라 내가 쓴 돈을 통해 나 자신을 이해하게 되었습니다. 나는 어떤 것을 중요하게 생각하는 사람인지, 어떤 것은 무시해도 되는 사람인지를 알았습니다.

평소에 생각하는 나의 이미지와 숫자가 보여주는 나의 실제는 조금 다르다는 것도 알게 되었습니다. 그렇게 가계부를 보고 울고 웃으며 가계부가 때로는 일기장보다 더 솔직하게 내 마음을 보여주는 '머니 다이어리'임을 깨닫게 되었습니다.

'오늘은 얼마 썼네. 아~ 왜 이렇게 또 많이 썼어'로 끝나는 가계부에는 한계가 있습니다. 가계부 역시 무작정 기록하는 걸 넘어 그 기록으로 의미 있는 정보를 얻는 데 초점을 맞춰야 합니다. 이번 장에서는 날것의 가계부를 맛있게 요리할 수 있는 방법에 대해 이야기하겠습니다.

하지만 가계부란 말을 듣자마자 보던 책을 덮고 싶은 마음이 드는 것 또한 이해합니다. '또 그 이야기야? 가계부는 써볼 만큼 써봤다고'라며 짜증을 낼지도 모릅니다. 저는 경제 상담을 시작하기 전에 간단한 설문 조사를 진행하는데요. 가계부를 쓰는지 아닌지 그리고 그 이유는 무엇인지를 물어봅니다.

가계부를 쓰지 않는다면 그 이유는 둘 중 하나입니다. 첫 번째는 써야 한다고 생각은 하지만 귀찮아서 쓰지 못하는 경우입니다. 쓰면 좋다는 걸 알고는 있지만 매일 해야 하는 일인 만큼 꾸준히 지속하지 못하는 것이지요. 두 번째는 왜 써야 하는지 모르겠다고 답하는 경우입니다. '쓰는 돈이 뻔하기 때문에 굳이 가계부를 통해 확인할 필요가 없다', '카드 명세서에 다 나와 있는데 왜 가계부를 써야 하는지 모르겠다', '가계부를 써봤자 지출은 줄어들지 않고 기분만 나빠진다' 등 그 이유도 다양합니다.

사실 가계부를 안 쓰는 것이든 못 쓰는 것이든 현재 가계부를 쓰지 않는 이유는 한 가지입니다. 가계부를 쓰면서 얻는 이익보다는 손해가 더 크다고 느끼기 때문입니다. 그리고 그렇게 느끼는 것이 꼭 우리의 잘못만은 아닙니다.

시중의 가계부를 살펴보면 대부분 날짜별로 지출을 적도록 되어 있습니다. 점심으로 덮밥을 먹어 9,000원, 책 구매 13,000원, 친구 생일 카드 1,000원, 합계 23,000원. 이런 방식으로 오늘 발생한 지출을 쭉 적고 그 합계를 구합니다. 하지만 오늘 23,000원을 썼다는 게 무슨 의미일까요? 알 수 없습니다. 매달 말에는 식비는 식비대로 의류비는 의류비대로 더해서 합계를 구해보지만 그 역시 어떤 의미를 갖는지 알기 어렵습니다. 그렇기 때문에 매일 수고스럽게 가계부를 쓰면서도 크게 도움이 된다는 생각이 들지 않는 것이지요. 결과적으로 들이는 비용만 크고 그만큼의 이익을 얻지 못하니 가계부를 쓰는 게 지루해지는 건 당연하겠지요.

가계부를 활용하는 방법은 생각보다 다양합니다. 가계부를 쓰는 방식이 달라지면 가계부를 통해 알게 되는 것 역시 달라지고, 보이는 게 달라집니다. 결국 가계부 역시 무작정 기록하는 걸 넘어 그 기록으로 의미 있는 정보를 얻는 데 초점을 맞춰야 합니다. 이번 장에서는 좀 더 똑똑하게 가계부를 쓰고 활용하는 방법에 대해 이야기하겠습니다.

1단계 : 수입은 영혼까지 끌어모은다

보통 가계부란 말을 들으면 내가 쓴 돈을 기록하는 일을 먼저 떠올립니다. 하지만 지출 기록이 가계부 쓰기의 전부는 아닙니다. 쓴 돈을 이야기하기에 앞서 가계부 쓰기의 1단계는 내가 번 돈을 차곡차곡 기록하여 더하기입니다. 돈을 어디에 얼마나 썼는가도 중요하지만, 그러한 기록들은 나의 수입과 함께 논의되어야 의미가 있기 때문입니다. 아무리 쓰는 돈이 많아도 수입이 많다면 문제가 없습니다. 반대로 아무리 지출이 적다고 해도 수입이 전무하다면 경제적 문제가 발생합니다. 그렇기 때문에 누가 뭐래도 가계부 쓰기의 1단계는 '수입부터 기록한다'입니다.

그렇다면 기존에 우리가 수입을 따로 정리하지 않았던 이유는 무엇일까요? 바로 적을 만한 게 그다지 없다고 생각하기 때문입니다. 내가 버는 게 뻔할뿐더러 월급 소득이 전부이기 때문에 따로 수입을 기록할 필요가 없다는 것이지요. 정말 그럴까요? 월급 생활자라 할지라도 기본급 외에 명절 상여금, 인센티브, 출장비, 연말정산 환급 등의 다양한 소득이 존재합니다. 또 부모님에게 용돈을 받거나 친구에게 상품권 선물을 받기도 합니다. 이런 작은 소득 역시 엄연한 나의 소득입니다. 이러한 소득을 무시하지 않고 합산해야 보다 정확한 나의 소득을 알 수 있습니다.

왜 이렇게 작은 돈들까지 신경을 써야 하나 의문이 드시나요? 놀랍게도 이런 작은 소득이 모여 큰 소득이 되는 힘을 발휘합니다. 따로 따로 있을 때는 별 볼 일 없던 작은 돈들도 모으면 꽤나 큰 금액이 됩니다. 쥐꼬리만 하다고 생각했던 내 소득도 영혼까지 끌어모아 합산해보면 좀 더 큰 쥐꼬리가 됩니다. 그리고 생각보다 내 소득이 높다는 사실을 아는 것은 언제나 기분 좋은 일이지요.

저는 처음 사회생활을 시작했을 때 고민이 많았습니다. 정규적인 직장 없이 먹고살 수 있을까 걱정이 되었기 때문이에요. 하지만 그러한 불안정한 생활을 버텨낼 수 있었던 것은 가계부가 있었기 때문입니다. 가계부에 소득을 꾸준히 써보면서 작은 소득일지라도 여러 개가 모이면 일반적인 월급 수준에 도달할 수 있다는 것을 알게 되었습니다. 수치를 통해 얻게 된 안심은 그 어떤 말뿐인 위로보다 도움이 되었고, 이후에 소득에 대한 걱정을 조금은 내려놓을 수 있었습니다.

수입을 구체적으로 기록하는 것은 내 일의 성과를 파악하는 데도 효과적입니다. 회사를 다니며 하고 싶은 일을 부업으로 병행하던 민정 씨는 수입을 적으며 그 기록을 커리어 평가에 활용했습니다. 민정 씨는 선불리 회사를 그만두지 않고 부업의 수입이 늘어나는 걸 천천히 살펴보았습니다. 그리고 부업만으로도 최소한의 생활비를 충당할 수 있다고 판단하자 퇴사를 결심했습니다. 이처럼 단순히 수입을 상세하게 기록하는 것만으로도 결정을 내리는 데 있어 좋은 자료가 됩니다.

직장생활자 역시 수입을 기록함으로써 긍정적인 효과를 얻을 수 있습니다. 소득을 합산해서 구해보면 현재 다니는 직장이 내게 제공하는 이익을 파악할 수 있기 때문입니다. 단순히 기본급만 보면 그다지 큰 금액이 아닐 수 있지만, 회사에서 제공하는 다양한 부대 이익들 역시 내 노동에 대한 대가입니다. 식비와 유류비 지원, 도서구입비 등 작은 지원금 역시 꼼꼼하게 기록하다보면 회사에서 내 노동에 대한 대가로 어느 정도 지급하는지를 보다 정확하게 파악할 수 있습니다. 그리고 이에 대한 이해는 직업 선택을 할 때에도 도움이 되고요.

상현 씨는 자신의 소득을 월급으로만 이해하고 있었습니다. 하지만 상담을 통해 월급 외에도 법인카드로 지원되는 금액, 회사가 지원하는 차량의 렌트 비용 등도 회사에서 상현 씨에게 지급하는 소득이라는 것을 알게 되었습니다. 이러한 지원금을 모두 소득으로 합산한 결과, 상현 씨는 본인이 생각했던 것보다 현재의 회사를 통해 얻는 것이 많다는 것을 알게 되었습니다. 다른 회사로의 이직을 고민했던 그는 소득을 정리해본 후 현재의 직장에 남아 있기를 선택했습니다.

무엇보다 작은 소득을 놓치지 않으면 '공돈 효과'를 방지하는 데 도움이 됩니다. 공돈 효과는 사람이 예상치 못한 수입이 생길 경우 좀 더 리스크가 높은 지출을 하려는 경향을 뜻하는데요. 기대치 않게 100만 원이 생기면 우리는 그 돈을 기본 생활비로 생각하기보다는 그동안 하고 싶었지만 하지 못했던 일을 하려고 합니다. 아이패드를 살까? 동남아를 갈까? 그 돈을 다 쓸 때까지 끊임없이 생각을 합니다.

하지만 가계부에 소득을 기록하기 시작하면 이러한 공돈 효과를 줄일 수 있습니다. 기존에는 '공돈'이었던 기타 수입들이 이제는 엄연한 소득으로 합산되기 때문입니다. 그래서 수입을 기록하지 않았다면 얼렁뚱땅 써버렸을 수도 있는 금액도 가계부에 수입으로 기록함으로써 보다 신중하게 사용할 수 있습니다.

상담을 진행할 때는 꼭 현물로 발생한 수입이 아니더라도 수치로 측정 가능한 외부 지원은 수입으로 잡도록 합니다. 예컨대 내담자의 부모님이 보험료를 대신 내주신다고 가정할게요. 그러면 보험료만큼 내담자에게 이익이 생긴 것이므로 보험료를 추가 수입으로 기록합니다. 그리고 지출 내역에 보험료를 다시 한 번 적어줍니다. 이렇게 기록했을 때, 내가 살아가기 위해 필요한 비용이 정말로 얼마인지 확인할 수 있고, 부모님의 지원에 대한 고마움 역시 잊지 않을 수 있습니다.

그렇다고 모든 선물을 이렇게 기록할 필요는 없습니다. 그 지원이 없었더라면 내가 대신 비용을 지불해야 할 경우에 엄격하게 기록합니다. 예를 들어 단체나 국가 등으로부터 매달 생필품을 5만 원가량 지원받는다고 가정해보겠습니다. 그 지원이 없다면 나는 실제로 5만 원만큼 더 생활비가 들겠지요? 그럴 경우에는 생필품을 물건으로 지원받더라도 수입으로 5만 원을 잡아주고 지출에 다시 한 번 기록해줍니다. 그렇게 했을 때 지원 여부와 관계없이 나라는 사람이 살아가기 위해 필요한 비용을 객관적으로 알 수 있거든요. 반면에 친구에게 받은 생일 선물은 꼭 친구가 주지 않았다고 해서 내가 추가적으로 뭔가를 구입해야 할 필요는 없습니다. 이 경우에는 가계부에 기록할 필요가 없는 것이고요.

어디에서 얼마를 버는가는 어디에 얼마를 쓰는가 만큼이나 우리의 삶에서 중요한 부분입니다. 같은 100만 원일지라도 의미 없는 일로 얻은 100만 원과 꿈꾸던 일로 벌어들인 100만 원은 차원이 다르잖아요. 가계부의 소득 부분은 내가 해온 일들, 주위로부터 도움을 받은 역사가 되기도 합니다. '가계부는 소득부터 정리한다.' 이제 아셨지요?

꼼꼼하게 들여다본 나의 소득 목록

- 기본급
- 회사가 지원하는 점심 식대, 야근 식대, 택시비
- 인센티브
- 출장비
- 명절 상여금
- 연말정산 환급
- 법인카드 지원금
- 신용카드, 체크카드 캐시백
- 회사가 지원하는 차량 렌트비, 유류비, 주차비
- 실업급여
- 고용노동부 취업성공 수당 등
- 상품권 선물
- 아르바이트 수입
- 부모님, 친인척에게 받은 용돈
- 중고물품 판매 수입

2단계 : 지출은 제자리에 정리정돈

미니멀리스트나 정리와 수납의 전문가들에게 깔끔한 집의 비결을 물어보면 그들의 대답은 한결같습니다. '물건의 자리를 정해두고, 물건을 사용한 후에는 제자리에 돌려놓는다.' 이렇게 하면 집이 어질러질 이유가 없다고 합니다. 세탁 후에 옷은 옷의 자리에, 양말은 양말의 자리에 정리합니다. 또 필기구는 필기구가 있어야 할 곳에, 가방은 가방의 자리에 놓습니다. 그래야 필요할 때 바로 찾을 수가 있지요.

이런 원칙은 가계부를 잘 쓰는 방법과도 일맥상통합니다. 좋은 가계부는 디자인이 예쁜 가계부도, 내부가 휘황찬란한 가계부도 아닙니다. 바로 정리가 잘 되어 있어 한눈에 그 내역을 파악할 수 있는 가계부입니다. 그리고 그러한 가계부를 쓰기 위한 법칙 역시 '지출을 제자리에 정리한다'는 것입니다.

그렇다면 지출에게 제자리란 무엇일까요? 앞에서 우리가 쓰는 돈을 용도에 따라 일곱 가지로 나누어보았습니다. 고정비, 생활비, 활동비, 꾸밈비, 기여비, 차량비, 예비비. 이 일곱 가지 비용이 바로 지출의 자리가 됩니다. 보통의 가계부는 날짜별로 지출을 적도록 되어 있습니다. 하지만 언제 그 돈을 쓴 게 중요한 게 아니라 어디에 그 돈을 쓴 것인지가 중요합니다. 따라서 중요한 항목에 따라 지출을 볼 수 있도록 아예 지출을 적을 때부터 위의 일곱 가지 비용별로 지출을 기록하는 것입니다.

어떤 가계부를 쓰는지는 중요하지 않습니다. 수기든, 엑셀이든, 어플이든 지출을 위의 일곱 가지로 분류하여 기록할 수 있다면 충분합니다. 특히 요즘에는 어플로 가계부를 많이 쓰는데요. 대부분의 가계부 어플에서 분류 항목을 원하는 대로 편집해서 사용할 수 있습니다. 어떤 가계부 어플을 사용할지 고민된다면 '심플 간편 가계부 MoneyNote'나 '편한 가계부' 어플이 분류 항목을 편집해서 사용하기 좋습니다. 지출이 발생하면 일곱 가지 중에 어디에 속하는지 생각해보고 그 지출이 속하는 장에 가서 적어주면 됩니다.

예를 들어 오늘 마트에서 식료품과 에코백을 사고, 어학 강좌를 결제했다고 가정해보겠습니다. 식료품의 자리는 어디일까요? 기본적인 생활에 필요한 비용이니 생활비입니다. 그러면 생활비 장에 가서 식료품 구입 내역과 가격을 적어줍니다. 에코백의 자리는 어디일까요? 나를 꾸미는 비용인 꾸밈비입니다. 꾸밈비 장에 가서 에코백과 가격을 적어줍니다. 마지막으로 어학 강좌의 자리는요? 자기계발과 취미를 위한 활동비입니다. 활동비의 자리에 가서 어학 강좌의 이름과 가격을 적어주면 됩니다. 다음은 수진 씨의 가계부 쓰기 예시입니다.

수진 씨의 가계부 예시

고정비	생활비	활동비	꾸밈비	기여비	차량비	예비비
월세 450,000 관리비 50,000 ⋮	OO마트 식재료 25,000 롤휴지 15,000 ⋮	뮤지컬 91,000 마사지 35,000 ⋮	마스카라 30,000 정장바지 55,000 ⋮	부모님 저녁 50,000 친구 결혼식 100,000		친환경 공기청정기 55,000 ⋮
710,000	405,350	390,500	130,700	150,000	0	78,000
합계 : 1,864,550						

이러한 방식으로 정리를 해주면 월말에 각각의 분류별로 합계만 내주면 정리가 끝납니다. 이미 고정비는 고정비대로, 생활비는 생활비대로 기록되어 있기 때문입니다. 각각의 장에 적힌 내역들만 합계를 내주면 이번 달에 고정비로는 얼마, 생활비로는 얼마를 썼는지 확

인할 수 있습니다. 또한 비슷한 것끼리 모여 있기 때문에 내역을 확인하기에도 편합니다. 꾸밈비는 꾸밈비끼리 모여 있기에 이번 달에는 외모 관리를 위해 어디에 돈을 썼는지를 한눈에 확인할 수 있는 것이지요.

이렇게 지출을 제자리에 기록하는 습관만 들여도 가계부 쓰기가 한결 편리해집니다. 나중에 가계부를 정리하는 시간 역시 대폭 줄어들고, 의미 있는 정보를 이끌어내기에도 좋습니다. 다만, 처음에는 일곱 가지 항목 중 어디에 적어야 할지 헷갈릴 수 있어요. 하지만 가계부 쓰기에 정해진 규칙은 없습니다. 내가 운동을 생활비라고 생각하면 생활비에, 활동비라고 여기면 활동비에 적어주면 됩니다. 본인이 직관적으로 느끼는 방식으로 가계부를 정리하면 되는 것입니다. 중요한 것은 각각의 비용이 어디에 들어가는가가 아니라 내 소비를 파악하기 쉽게 일곱 가지로 나누고 그 분류별 지출 금액을 아는 일입니다.

3단계 : 지출만 보면 안 된다

"이 정도면 많이 쓰는 건가요?"

상담을 하면서 내담자와 함께 가계부를 들여다보면, 많은 분들이 이와 비슷한 질문을 합니다. 이 정도를 쓰는 게 많은 건지 적은 건지, 아니면 평균적인 수준인지 궁금한 것이지요. 사회 초년생은 수입의 50퍼센트 이상을 저축해야 한다, 4인 가족은 월 얼마 이상을 저축해야 한다 등등 적절한 지출액과 저축액에 대해서 나와 있는 말들도 많습니다.

하지만 이러한 조언은 가이드라인일 뿐입니다. 비슷한 금액을 지출한다고 해도, 그 행위가 괜찮은지 아닌지는 그 사람의 상황에 따라 달라집니다. 개개인의 상황에 따라 같은 20대라도 써야 하는 금액, 그리고 저축할 수 있는 금액이 천지 차이입니다. 자취를 하는지, 부모님과 함께 사는지, 혹은 부모님을 부양해야 하는지, 수입은 어떻게 되며 나가야 할 돈은 얼마나 되는지 등 사람마다 상황이 다릅니다.

그렇기 때문에 내가 쓴 지출을 제대로 보려면 '남이 얼마를 쓰는지'가 아니라 '내가 얼마를 버는지'를 고려해야 합니다. 아무리 남들은 통신비에 10만 원을 쓴다고 해도 내가 그만한 돈을 부담할 여력이 없다면 나에게는 그만큼이 사치입니다. 반대로 애견용품에 수십만 원씩 쓰는 나를 남들은 이해하지 못할지라도 그것이 내 수입과 비교했을 때 무리가 없다면 괜찮은 소비입니다.

하루하루 성실히 수입과 지출을 기록했다면 매월 말에는 이 수입의 합계와 지출의 합계를 놓고 함께 비교해보는 작업이 필요합니다. 먼저, 수입의 합계에서 지출의 합계를 빼주세요. 그러면 내가 번 돈에서 이번 달에 쓴 돈이 빠집니다. 그 잔액에서 이번 달에 저축한 금액을 추가로 빼주세요. 청약부터 적금, 펀드에 연금까지 매달 저축으로 통장에서 빠져나가는 돈들을 빼줍니다. 저축은 내 자산으로 쌓이는 돈이지만, 엄밀히 말하면 미래를 위해 현재의 통장에서 빠져나간 금액입니다. 마지막으로 그 잔액에서 대출 상환액을 빼주세요. 학자금 대출 상환부터 신용카드 할부금, 전세 대출 이자 등 매달 대출 상환으로 나가는 돈을 빼줍니다. 그러면 비로소 내가 번 돈(수입)에서 내가 쓴 돈(현재 지출), 내가 쓸 돈(미래 저축), 내가 썼던 돈(대출 상환)이 빠지면서 이번 달의 수지 차(들어온 돈과 나간 돈의 차이)를 알 수 있습니다. 다음은 수진 씨의 한 달 수지 차입니다.

2,500,000원(수입)
−1,864,550원(지출)
−400,000원(저축)
−300,000원(대출 상환)

= −64,550원

가장 보기 좋은 경우는 들어온 돈과 나간 돈이 비슷하여 수지 차가 0이 되는 것입니다. 내가 벌어들이는 돈과 나가는 돈이 일치한다는 뜻이니까요. 하지만 수지 차가 마이너스라면? 벌어들이는 돈보다는 지출, 저축, 대출 상환으로 나가는 돈이 더 많다는 뜻입니다.

수진 씨의 경우 O월 수입 250만 원에서 지출 186만 원과 저축 40만 원, 대출 상환 30만 원을 빼니 수지 차가 약 마이너스 6만 원이 나왔습니다. 이달에는 들어온 돈보다 나간 돈이 6만 원 정도 많았다는 뜻입니다. 반대로 수지 차가 플러스가 나온다면 어떨까요? 수지 차가 플러스라면 들어오는 돈에 비해 나가는 돈이 적다는 뜻입니다. 얼핏 들으면 수지 차가 플러스인 게 좋을 것 같지요. 만약 수지 차가 플러스가 난 금액만큼 통장에 돈이 남아 있다면 그 플러스만큼 저축을 더

했다는 뜻입니다. 하지만 그만큼의 금액이 통장에 남아 있지 않다면 그만큼 쓰고도 파악하지 못한 돈이 있다는 뜻입니다.

물론 매달 수지 차가 0이 나올 수는 없습니다. 평소에는 기여비에서 지출이 없다가 5월이 되면 크게 발생하지요? 활동비 역시 평소에는 적게 지출되다가 여름휴가 기간에 크게 지출됩니다. 따라서 어떤 달은 수지 차가 플러스가 되어 돈이 남고, 어떤 달은 마이너스가 되어 돈이 부족합니다. 그리고 한 사람의 경제 상황은 이렇게 플러스와 마이너스를 넘나들며 균형을 맞춰갑니다. 그렇기 때문에 수지 균형이 마이너스라고 해서 꼭 잘못된 게 아닙니다. 하지만 매달 꾸준히 수지 균형이 마이너스이고 그 금액이 점점 커진다면 이는 가계부가 우리에게 보내는 신호입니다. 이때는 가계부를 정리하면서 너무 많이 지출하고 있지는 않은지, 무리해서 저축하고 있지는 않은지를 다시 살펴야 합니다. 그리고 지출을 줄이거나 수입을 늘릴 수 있는 대책을 실행해야 합니다.

저 역시 매달 수입과 지출을 함께 살펴보고 있습니다. 수지 차가 플러스인지 마이너스인지를 따져보고 왜 이번 달은 이런 결과가 나왔는지 살펴봅니다. 재밌게도 플러스면 플러스인 대로, 마이너스면 마이너스인 대로 이유가 있더라고요. '이번 달은 기대치 않았던 수입이 있었구나', '이번 달은 어버이날로 기여비가 많이 나갔구나' 등 매달 수지 차를 살피다보면 그 달에 내가 어떻게 생활했는지가 자연스레 그려집니다.

그리고 지속적으로 마이너스가 된다면 긴장 상태에 돌입합니다. 평소와는 달리 이때만큼은 좀 더 꼼꼼히 지출 내역을 살피고 줄일 수 있는 부분을 줄이려고 노력합니다. 그러다보면 다시 내 수입으로 감당 가능한 수준으로 지출의 균형을 맞추게 됩니다.

내가 우선인 돈 관리는 자신에게 관대한 돈 관리입니다. 하지만 평소에는 마음 놓고 쓰더라도 큰 문제를 만들지 않으려면 나를 밑에서 받쳐줄 수 있는 최소한의 안전망이 필요합니다. 그리고 가계부를 통해 매달의 수지 차를 점검하는 습관이 그 안전망이 되어줄 것입니다.

4단계 : 예산을 세웠다, 그다음에는?

들어온 돈에서 나간 돈을 빼서 수지 차를 구했습니다. 수지 차가 플러스이면 플러스인 대로, 마이너스이면 마이너스인 대로 그 이유가 있겠지요? 지난 예시에서는 수지 차가 약 6만 원 정도로 마이너스였습니다. 그러면 왜 이번 달엔 마이너스가 되었는지를 구체적으로 분석해봅시다. 이때 활용하는 것이 앞서 세웠던 예산이에요.

142페이지의 표는 아까 보았던 수진 씨의 가계부를 다시 가져온 것입니다. 앞의 것과 차이가 있다면 각각의 항목 아래에 지난번 세웠던 예산을 넣어주었다는 점입니다. 가계부를 기록할 때 항목별로 예산을 미리 기록해놓으면 월말에 가계부를 결산할 때 예산과 실제 지출을 비

수진 씨의 가계부 예시

고정비	생활비	활동비	꾸밈비	기여비	차량비	예비비
705,000	381,664	368,333	141,666	106,664	0	100,000
월세 450,000 관리비 50,000 ⋮	OO마트 식재료 25,000 롤휴지 15,000 ⋮	뮤지컬 91,000 마사지 35,000 ⋮	마스카라 30,000 정장바지 55,000 ⋮	부모님 저녁 50,000 친구 결혼식 100,000		친환경 공기 청정기 55,000 ⋮
710,000	405,350	390,500	130,700	150,000	0	78,000
합계 : 1,864,550						

교하기가 편리합니다.

먼저 고정비부터 살펴볼까요? 수진 씨는 고정비로 70만 원 정도를 쓸 거라 예상했는데 실제로는 71만 원을 지출했습니다. 비교적 예산과 비슷하게 사용했습니다. 다음으로 생활비는 38만 원으로 예산을 세웠으나 실제로는 40만 원을 지출했습니다. 생활비에서 예산이 조금 초과되었다는 걸 알 수가 있습니다.

다음으로 활동비를 볼까요? 뮤지컬도 보고 마사지도 받아 예산인 36만 원을 3만 원가량 초과했습니다. 꾸밈비 예산은 14만 원이나 실제 지출은 13만 원이니 비슷하게 사용했고요. 반면, 기여비는 예산이 10만 원이나 이번 달에는 15만 원을 지출했습니다. 기여비가 이번 달 지출을 높인 주범이라고 할 수 있습니다. 수진 씨는 자동차가 없기 때문에 차량비는 들지 않았습니다. 마지막으로 예비비로 10만 원을 책정해두었는데 이번 달은 7만 원가량 지출해 예산을 초과한 금액을 소폭 줄여주었습니다.

이렇게 항목별로 실제 지출과 예산을 비교함으로써 이번 달에는 어디에서 많은 지출이 발생했고, 어디에서는 또 지출이 적었는지를 파악할 수 있습니다. 수진 씨의 경우 이번 달에는 생활비와 활동비, 기여비가 많이 나왔고, 반면 예비비가 적게 나와 초과 금액을 다소 줄일 수 있었습니다.

이렇게 항목별 플러스와 마이너스를 알았다면 자연스레 궁금증이 생깁니다. '이번 달에 생활비는 왜 많이 나온 거지?', '활동비로 뭘 했지?' 하고 말이에요. 이미 항목별로 지출을 모아두었기 때문에 원인을 파악하는 것은 쉽습니다. 이번 달에 지출한 생활비를 살펴보면서 '이번 달엔 치약이나 휴지, 세제 같은 생필품이 같이 떨어졌구나. 생활비가 많이 들 수밖에 없었겠네' 하고 원인을 이해합니다. 평소 잘 보지 않았던 고가의 뮤지컬을 보아 활동비가 높았고, 기여비 역시 이번 달에는 친구 경조사가 생겨서 다른 달에 비해 지출이 높았다는 걸 알았습니다.

평소에 좀 더 예산에 맞게 철저하게 돈을 관리하고 싶다면 예산에서 지출 금액을 뺀 잔액을 그때그때 적어주는 것도 방법입니다. 예를 들면 고정비로 예산이 705,000원이 있으니 월세인 450,000원을 지출하고 나서는 그 우측에 잔액으로 255,000원이 남아 있다고 적어두는 것입니다. 꼭 매일이 아니라 2주일에 한 번씩이라도 예산과 지출 금액을 확인하여 항목별 잔여 예산을 계산해보면 남은 기간 동안 어떻게 생활하면 좋을지 가늠할 수 있습니다.

잔액 표시 예시

	수입	지출	잔액
예산	705,000		
월세		450,000	255,000
보장성 보험		30,000	225,000

내가 우선인 돈 관리에서 예산이란 무조건 이렇게만 써야 하는 절대 규칙이 아닙니다. 지키지 못하면 나를 혹독하게 비난하는 근거도 아닙니다. 예산은 다만 수지 균형을 맞추기 위한 가이드라인이자 북극성 같은 존재입니다. 옛날 사람들은 북쪽으로 가는 길을 찾기 위해 북극성이라는 별을 이용했다고 하지요? 북극성을 따라간다고 해서 그 사람들의 목표가 북극성에 도착하는 건 아닙니다. 예산도 마찬가지입니다.

예산이 존재하는 이유는 기계처럼 예산에 맞게 살기 위해서가 아닙니다. 보다 수지 균형을 맞추어 살기 위해 필요한 표지판 같은 거라고 보면 됩니다. 그렇기 때문에 편안한 마음으로 이번 달은 예산과 실제 지출이 어떻게 달랐는지를 분석해보세요. 예산보다 실제 지출이 적었다고 좋아할 일도, 예산보다 지출이 많았다고 속상해할 일도 아닙니다. 다만 왜 이러한 결과가 나왔는지를 살펴보고 이해한다면 그것으로 충분합니다.

5단계 : 소비의 반복 패턴을 찾아라!

'너는 리액션을 잘 해주는 것 같아', '방에 책이 진짜 많다' 등 나도 몰랐던 내 모습을 타인이 발견해줄 때가 있습니다. 수십 년간 나로서 살아왔기에 나에 대해서는 잘 알 것 같은데 꼭 그렇지만도 않습니다. 오히려 자신에 대해서 잘 안다고 생각해 주의를 기울이지 않거나 이런 건 당연한 것이라며 쉽게 넘기기도 합니다. 그러다보면 나 자신에 대해 더 발견할 기회를 놓치게 되고요. 하지만 무심코 넘겼던 작은 습관이나 디테일이 의외로 나를 구성하는 중요한 요소가 됩니다.

소비 습관 또한 마찬가지입니다. 내가 쓰는 돈은 뻔하다고, 쓰는 돈이 얼마 없어서 살펴볼 것도 없다고 여기지는 않았나요? 타인이 발견해주기 전까지는 몰랐던 내 모습이 있는 것처럼 내가 몰랐던 소비 습관도 분명 존재합니다.

사람들과 식사 후 앞장서서 계산대로 향하거나 가족들에게 쉽게 카드를 빌려주기도 합니다. 자신을 위한 투자라며 책에는 아낌없이 투자를 하고, 스트레스 해소로 마시는 맥주 한 캔이 매일매일 반복될 수도 있지요.

이러한 작은 소비 습관이 쌓여서 내 지출의 큰 축을 차지합니다. 그 패턴이 오랫동안 반복되면 큰 경제적 문제로 이어지기도 하고요. 그렇기 때문에 가계부를 통해 반복되는 지출을 살펴볼 필요가 있습니다. 매달 가계부를 정리하면서 자주 나타나는 지출을 주목해보면 나의 몰랐던 소비 습관을 발견할 수 있습니다.

생활비부터 차량비, 예비비까지 일곱 가지의 항목 중에서 내가 돈을 가장 많이 쓰는 항목은 무엇인가요? 반대로 가장 돈을 안 쓰는 항목은 무엇인가요?

수진 씨의 경우 가장 많이 쓰는 항목은 고정비를 제외하고 활동비였고, 가장 적게 쓰는 항목은 기여비였습니다. 수진 씨는 왜 활동비가 많이 들까를 고민해보았습니다. 그 결과 매달 지출하는 데이트 비용과 요가/필라테스 수업이 꽤나 비용이 들어간다는 걸 알았습니다. 하지만 데이트 비용을 통해 식사를 종종 해결하는 만큼 생활비가 줄어들고, 유일한 취미인 운동은 그만한 값을 지불할 만큼 가치 있다고 생각했습니다.

대신 평소에 활동비를 많이 쓰는 만큼 수진 씨에게 그다지 중요하지 않은 여행 비용은 좀 줄여볼까 고민했습니다. 또한 상대적으로 적게 쓰고 있는 기여비 항목을 보면서는 내가 놓치고 있는 부분은 없는지, 주위에 서운해하고 있는 사람은 없는지 다시 한 번 돌아볼 기회를 가졌습니다.

가인 씨의 경우 가장 많이 쓰는 항목은 생활비였는데요. 무엇보다도 스트레스를 받을 때마다 시켜 먹는 배달 음식에 많은 돈을 쓰고 있다는 걸 알았습니다. 가계부를 통해 생각보다 더 자주 배달 음식을 시켜 먹고, 최소 주문 금액을 채우기 위해 더 많은 금액을 지불하는 자신을 발견하면서 가인 씨는 건강에도 좋지 않고, 돈도 많이 드는 배달 음식만큼은 줄여보자고 마음먹었습니다. 간식을 줄이지는 못할지라도 미리 괜찮은 간식들을 사다두면 아무래도 배달 음식을 주문하는 횟수는 줄일 수 있으니까요. 반면에 가장 적게 지출하는 꾸밈비 항목에서는 좀 더 써도 괜찮겠다는 생각을 하게 되었습니다.

계속해서 나타나는 비슷한 지출들을 발견했나요? 반복해서 발생하는 지출이 있는지, 있다면 그 지출은 왜 발생하는지 한번 생각해보세요. 커피 값이 유난히 많이 드는 이유는 작업실이 필요해서일지도, 각각 계산하자는 말을 하지 못해서일지도 모릅니다. 그렇게 원인을 파악해보고, 내가 받아들일 수 있는 원인이라면 기꺼이 돈을 씁니다. 하지만 그렇지 못한 경우라면 이제부터 다르게 행동하는 연습을 해야 합니다.

진호 씨의 경우 가족들에게 자꾸만 카드를 빌려주는 습관이 문제가 되었습니다. 카드 빚 누적으로 상담을 받게 된 진호 씨는 자신의 지출 내역을 살펴본 후 대부분의 지출이 자신이 아니라 가족들의 지출이었다는 것을 발견했습니다. 그동안 자신이 돈을 많이 써서 빚이 쌓였다고 생각했는데, 가족들에게 무심코 빌려주었던 카드 값이 더 컸던 것이지요.

그렇다면 진호 씨는 왜 지금까지 가족들에게 계속 카드를 빌려주었을까요? 일단 그렇게 많은 돈이 가족들에게 나가는 줄 몰랐을뿐더러 카드를 빌려달라고 부탁받았을 때 '싫다'라고 말하는 게 너무 어려웠다고 합니다. 그래서 진호 씨가 카드 빚을 해결하기 위해 가장 먼저 시도했던 것은 가족들에게 '안 된다'라고 말하기였습니다. 반면에 어머니의 부채를 갚느라 자산을 모으지 못했다고 탓해왔는데, 숫자를 살펴보니 자신도 생활비를 과도하게 쓰며 어머니의 부채에 기여해왔다는 걸 깨달은 내담자도 있었습니다.

'어떻게 그걸 모를 수가 있지?'라고 생각할 수도 있습니다. 그러나 항상 같은 방식으로 살아왔기에 그러한 방식이 너무 자연스러웠던 것입니다.

이렇듯 일상에서는 자연스러웠던 지출도 가계부를 통해 숫자로 바라보면 다르게 보입니다. 별거 아니라고 생각했던 부분들이 매주, 매달 지속적으로 발생한다는 사실이 보이거든요. 그러면 그 합계를 구해보고 생각보다 적은 금액에 안심하기도 하고, 높은 금액이 나왔다면 문제가 되는 습관을 고치려고 노력할 수도 있습니다. 이렇듯 가계부라는 기록은 나를 보다 객관적으로 살펴볼 수 있게 하는 유용한 도구라고 할 수 있습니다.

6단계 : 최고의 지출, 최악의 지출은?

월말에 가계부를 살펴보면 참 놀랍습니다. 무슨 음식을 이렇게 많이 먹었고, 또 무슨 옷을 이렇게 샀는지 그저 신기할 뿐입니다. 게다가 잘 기억이 나지 않는 지출도 많습니다. 어디에 썼는지는 기억나지만 이제 아무런 감정도 불러일으키지 않는 지출들을 살펴보면 허탈합니다.

가계부를 쓰는 이유는 내가 쓴 돈을 후회하고, 섣부른 소비였다고 스스로를 비난하기 위해서가 아닙니다. 그보다는 어떤 지출이 만족스러웠는지 또 어떤 지출은 별로였는지 그 데이터를 얻기 위해서입니다. 그러한 데이터가 있을 때 앞으로 더 만족스러운 지출을 늘려나갈 수 있으니까요. 내가 어디에 썼을 때 기분이 좋고, 어디에 썼을 때 아쉬운지 알고 있을 때 우리는 같은 금액을 쓰더라도 만족감이 더 높은 방향으로 돈을 쓸 수 있습니다.

앞으로는 매월 말 가계부에서 나만의 베스트 지출을 뽑아보세요. 꼭 한 가지일 필요는 없습니다. 마음이 끌리는 대로, 원하는 만큼 많이 뽑아도 됩니다. 가계부를 들고 내가 쓴 돈들을 살펴보세요. 지금까지 톡톡히 제 역할을 해주어 만족스러운 제품들, 기억에 두고두고 남아 행복한 경험을 찾아봅니다. 가게 안의 특별 상품에 베스트 택이 붙어 있는 것처럼, 내 지출 내역 중 좋았던 지출에 빨간 줄이나 별표 등 내 나름의 표시를 해보세요.

그렇게 베스트 지출을 찾다보면 비로소 모든 지출이 다 똑같지 않다는 사실이 눈에 들어옵니다. 무미건조한 지출 내역들 사이에서 '아, 가족들이랑 이것도 먹으러 갔었지', '이 영화는 진짜 좋았어'라며 시간이 지난 후에도 뿌듯한 지출들이 반짝입니다. 그렇게 반짝이는 지출들을 찾다보면 이번 달에는 얼마를 썼다는 충격으로 인해 스크래치 난 마음이 조금은 진정이 됩니다. 비록 돈은 썼지만 '이건 참 좋았어', '이건 참 잘 썼어' 하는 생각이 의외로 마음의 위안이 되거든요.

또한 베스트 지출은 마음의 위안을 넘어 더 현명한 소비를 하는데 실질적으로 도움이 됩니다. 좋았던 지출을 추려보면 어디에 썼을 때 후회가 남지 않았는지, 어디에 썼을 때 두고두고 만족스러웠는지를 알 수 있기 때문입니다. 옷을 사는 건 아깝다고만 생각했는데 정작 지속적인 만족감이 남는 항목은 꾸밈비일 수도 있습니다. '가족들에게 뭔가 해줄 수 있을 때 기분이 참 좋구나' 혹은 '말로는 가족들을 위한다고 했지만 솔직히 가족들보다 나에게 쓰는 게 훨씬 좋구나' 등 베스트 지출은 단순히 취향을 넘어 현재의 가치관을 보여줍니다. '나는 먹는 게 중요하구나' 혹은 '취미 활동이 중요하구나' 등을 발견할 수 있고 왜 그런지 이유를 생각해볼 수도 있습니다. 이렇듯 베스트 지출은 그 사람이 중요하게 생각하는 가치들을 알려주며, 만족스러운 소비생활을 도와주는 길잡이가 됩니다.

베스트 지출을 찾아봤다면 다음은 워스트 지출을 찾아볼 차례입니다. 워스트 지출은 왠지 아쉬움이 남는 지출, 괜히 썼다며 후회가 되는 지출, 기대만큼 대가가 만족스럽지 않았던 지출을 말합니다. 그런 다음 베스트 지출과 마찬가지로 워스트 지출에도 내 나름의 표시를 해주세요. 물결 줄을 긋거나 세모 표시를 해놓는 거예요.

'이건 괜찮은 지출인가?', '이건 워스트에 넣을까 말까?'를 고민하다 보면 돈을 쓰는 나만의 기준이 서서히 정립됩니다. 가계부에 한 번 워스트로 정해졌던 품목들은 두고두고 머릿속에서 남아 있거든요. 그러면 다음번에 비슷한 물건을 살 때 '아, 이거 저번에 별로였는데' 하는 기억이 또렷이 떠오릅니다.

저는 충분히 고민하지 않고 덜컥 구입한 물건이나 몸에 좋지 않은 음식을 먹으면 꼭 워스트 지출에 표시를 해놓습니다. 생각보다 효용이 떨어지는 물건이라도 충분히 시간을 들여 고민했다면 어쩔 수 없지

하고 넘길 수 있습니다. 하지만 살까 말까 망설이다가 충분히 고민하지 않고 주위의 분위기에 떠밀려 구입한 물건들은 두고두고 아쉬움이 남습니다.

몸에 좋지 않은 음식도 마찬가지입니다. 카페인에 민감한 저는 커피를 마시면 잠을 설쳐서 고통을 겪습니다. 그럼에도 커피 맛을 좋아해서 종종 커피를 주문하곤 합니다. 그렇게 커피를 마신 날에는 늦게까지 잠이 들지 못해 엄청나게 후회를 하면서도 말이에요. 이렇게 당장은 좋았던 구매라고 하더라도 시간이 지난 후에 고통스러웠던 구매는 꼭 가계부의 워스트 지출에 들어갑니다.

술을 마실 때도 비슷합니다. 저는 가계부를 살펴보면서 술에 지출하는 비용이 생각보다 많다는 사실을 알게 되었습니다. 내가 술에 쓰고 싶은 비용은 딱 술을 구매하는 비용 하나인데, 술을 마시고 나면 꼭 다음 날 숙취 해소제나 해장국 등의 연쇄 비용이 발생하더라고요. 늦게까지 밖에 있어 택시를 타게 되기도 하고요. 그런 비용들을 모두 포함해서도 술을 마시고 싶은가라고 물어보면 아무래도 술을 마시고 싶은 마음이 조금은 사그라들었습니다.

물론 좋지 않은 기억이 있다고 해서 당장 비슷한 소비를 그만두게 되지는 않습니다. 커피를 마시면 고생을 하면서도 기회가 생기면 또 커피를 마실까 말까 고민을 하는 것처럼요. 하지만 가계부의 워스트 지출에 같은 항목을 반복해서 체크하면서 제가 돈을 쓰고 후회하는 항목들을 확실하게 알게 되었습니다. 그러면서 서서히 그 항목에 지출을 하는 빈도도 줄어들었고요.

힘들게 번 돈을 쓰고도 만족스럽지 못하다면 그것만큼 억울한 일이 없습니다. 그렇기 때문에 워스트 지출을 찾아보는 일은 중요합니다. 이런 데에다 돈을 쓴 나를 탓하기 위해서가 아니라 다음번에는 그런 지출을 줄여나가기 위해서 말이에요. 매달 나만의 베스트 지출과 워스트 지출을 뽑아보세요. 그리고 왜 이건 베스트에 뽑혔을까, 왜 이건 워스트에 뽑혔을까 생각해보시기 바랍니다.

나의 베스트 지출

베스트 지출	그렇게 생각하는 이유

나의 워스트 지출

워스트 지출	그렇게 생각하는 이유

7단계 : 1년치를 더해서 12로 나누면 생기는 일

가계부를 쓰는 일은 희로애락을 동반합니다. 수입, 지출, 저축액과 수지 차는 매달 상황에 따라 오르락내리락하고 거기에 따라 내 기분도 춤을 추기 때문입니다. 지출액이 높고 저축액이 낮을 때는 기분이 울적하고 시무룩해집니다. 나름대로 열심히 살았는데 남는 것은 마이너스 수지 차라니 언짢을 수밖에요. 반대로 지출액이 낮고 저축액이 높은 달은 의기양양합니다. '그래, 나도 잘할 때는 잘한다고'라는 마음과 함께 자신감이 샘솟습니다.

하지만 이렇게 매달 가계부를 보면서 좋아했다가 슬퍼했다가 롤러코스터를 타는 것은 감정적으로 힘듭니다. 가계부를 정리하며 드는 불쾌한 기분은 가계부를 지속적으로 쓰지 못하게 하는 이유가 되기도 합니다. 또한 매달의 희로애락은 경제적으로도 그다지 의미가 없습니다. 다이어트를 할 때를 생각해보세요. 어제는 쫄쫄 굶었지만 오늘 뷔페에 가서 포식했다면 어제의 금식이 큰 성과는 아닙니다. 또 오늘은 많이 먹었더라도 평소에 소식하는 사람이라면 오늘의 과식은 큰 문제가 되지 않습니다.

돈 관리도 마찬가지입니다. 지난달에는 웬일인지 지출이 적어 기뻤습니다. 이 기세를 몰아가는가 했더니 이번 달에 지인들의 경조사가 몰려옵니다. 화장품도 똑 떨어지고, 계절이 바뀌니 옷도 좀 사게 되었습니다. 그렇다면 지난달의 지출이 적었다고 그것을 나의 지출액이라고 보기 어렵겠지요. 반대의 경우로 이번 달에는 이벤트가 많아 지출액이 많았지만 평소의 지출액이 적다면 그 달의 높은 지출이 큰 문제는 아닙니다.

그렇기 때문에 가계부에서는 1년 평균치를 구해보는 것이 중요합니다. 매달 가계부를 기록했다면 연말이면 매달의 수입, 지출, 저축, 그리고 수지 차가 나왔을 것입니다. 그것들을 모두 더해 각각 12로 나누면 한 달의 수입, 지출, 저축, 수지 차의 평균을 알 수 있습니다. 그 평균치가 비로소 나의 보다 정확한 경제 상황이라고 볼 수 있겠지요. 12개월의 평균치는 매달 발생하는 변동성을 모두 포함한 수치이니까요.

연말 결산 예시

	1월	2월	3월	4월	5월	6월	…	평균
수입	2,500,000	3,510,000	2,480,000	2,500,000	2,400,000	2,723,400	…	2,620,566
지출	1,827,000	2,508,630	1,984,532	1,784,257	1,634,278	1,990,232	…	1,921,488
저축	400,000	400,000	400,000	400,000	400,000	400,000	…	400,000
대출	300,000	300,000	300,000	300,000	300,000	300,000		300,000
수지 차	−27,000	301,370	−204,532	15,743	65,722	33,168	…	−922

위의 연말 결산 예시처럼 저 역시 매년 말이면 1년의 평균치를 구해봅니다. 연말 결산은 이제 저에게 제야의 종보다 더 떨리는 이벤트가 되었습니다.

'올 한 해는 얼마나 벌었을까?'

'그중 얼마를 쓰고, 얼마를 저축했을까?'

'수지 차는 얼마가 났지?'

12개월의 평균치를 아는 일은 꽤나 짜릿합니다. 올 한 해도 이렇게 버티었구나 뿌듯하기도 하고, 마이너스의 수지 차를 빼고 실질적으로 내가 모은 돈은 얼마인지도 파악할 수 있습니다.

이렇게 한 해의 평균치를 갖고 있으면 다음 해를 시작할 때 좀 더 든든합니다. 평균 수입과 지출액을 알고 있으므로 수입이 조금 떨어지는 달에도, 지출액이 조금 높은 달에도 평정심을 잃지 않을 수 있습니다. 잘 안 되는 달이 있으면 또 잘 되는 달이 있을 거라는 믿음에 '수치적 근거'를 가지고 있기 때문입니다. 또한 내 경제 상황을 파악하고 있으니 직장을 선택할 때, 하고 싶은 일을 할 때 판단의 근거로 삼을 수도 있습니다. '이 일은 나에게 적절한 수입을 주는가?'를 작년 수입을 기초로 판단할 수 있고, 하고 싶은 일이지만 수입이 적을 때는 지출의 평균액을 생각하며 직진할지 멈출지 선택할 수 있습니다.

또한 작년과 수치를 비교해보는 재미도 쏠쏠합니다. '작년엔 이만큼 벌었는데 그래도 올해는 30만 원이라도 수입이 늘었구나', '수입이 증가한 만큼 지출도 20만 원이 늘었네' 같은 변화를 파악할 수 있습니다. 한 해를 마감하는 시점에는 '올 한 해도 뭘 한 걸까?' 회의감이 들기도 하는데요. 이렇게 연간 평균치를 구하다보면 그런 생각이 사라집니다. '올 한 해도 벌고, 쓰고, 저축도 조금이나마 하느라 이렇게 바빴구나. 수고했다'는 생각이 저절로 듭니다.

이번 장에서는 가계부를 업그레이드하는 일곱 가지 방법에 대해서 살펴보았습니다. 이 방법들을 모두 실천해도, 마음에 드는 한두 가지만 골라 따라 해봐도 좋습니다. 중요한 것은 나의 경제 생활을 기록으로 남기고, 그것을 꾸준히 들여다보는 일입니다. 무언가를 꾸준히 한다는 건 참 어렵습니다. 하지만 그 어려움을 넘기고 죽이 되든 밥이 되든 가계부 쓰기를 계속해나간다면 분명 가계부는 내 희로애락이 담긴 소중한 머니 다이어리로 거듭날 것입니다.

PART 5

안 쓰는 게 저축이다

MY FIRST MONEY DIARY

“

저축은 매 순간 ‘지금 이걸 살까, 말까?’ 사이의
질문에서 후자를 택하는 것에 가깝습니다.
소비를 한 번 하지 않을 때마다 저축이 되는 것이지요.

”

너무 멋진 계획은 이제 그만!

소비와 저축의 균형을 맞춰라

일반적인 돈 관리는 화려한 저축 계획을 기반으로 시작됩니다. 불안정한 일자리와 노후 불안, 그리고 저성장 시대라는 삼단 콤보는 굳이 긴말하지 않아도 우리의 미래 불안을 자극하기에 충분합니다. 이러한 환경에서 돈을 모아야만 하는 이유는 자명하며, 전문가들은 101가지 근거를 들어 그 이유를 설명합니다. 그 101가지 근거를 듣다보면 저절로 고개가 끄덕여집니다. 외면해왔던 두려움이 몰려오고, 어쩌면 이미 시작이 늦었을지도 모른다는 생각이 조급함을 더합니다. 불안한 마음은 어찌나 상상력이 풍부한지 급기야 집도 절도 없이 길거리를 떠도는 미래의 내 모습이 떠오릅니다.

돈을 모아야만 하는 이유가 납득이 되었다면 다음으로는 화려한 저축 계획이 따라올 차례입니다. 주거 안정을 위해, 결혼을 위해, 아직 태어나지도 않은 자녀의 교육을 위해, 노후를 위해 목표 자금을 설정하고 저축이 필요한 금액을 산정합니다. 내 월급의 절반이 넘는 금액을 저축해야 한다는 말에 움찔하지만 괜찮습니다. 돈을 모아야만 하는 이유를 다시금 떠올리며 마음을 굳게 먹어봅니다. 문제는 그 계획이 현실과 너무 동떨어져 있을 때, 아무리 훌륭한 계획도 공허한 외침으로 남을 수밖에 없다는 점입니다. 각종 목표들을 고려했을 때 월급의 50퍼센트를 저축해야 한다고 해도, 현실에서 당장 나가는 돈이 월급의 90퍼센트라면 저축 가능한 금액은 10~20퍼센트 내외입니다.

이대로만 실천하면 10년 후, 20년 후에 얼마가 되고 꿈꾸던 바로 그 목표를 이룰 수 있다는 화려한 저축 계획은 참 멋있습니다. 아마 화려한 저축 계획을 세워주는 전문가들은 그들 자신이 굳은 의지로 계획을 세우고 그것을 이뤄냈기 때문이라고 생각합니다. 그들이 직접 해서 성공했으니 다른 사람들에게도 이렇게 해보라고 추천하는 것이지요. 하지만 모든 이들이 그런 굳센 의지로 현실을 돌파해나갈 수는 없습니다.

인간은 이상을 갖고 있고, 그것을 추구해나갈 수 있는 똑똑한 존재입니다. 하지만 지금 내 모습이 개나리라면, 나는 꽃을 피운 개나리는 될 수 있어도 환골탈태하여 튤립이나 장미가 될 수는 없습니다. 현실은 끼니를 제때 챙겨 먹기 힘들 정도로 바빠 식사를 모두 외식으로 해결하는 상황입니다. 그런데 갑자기 저축이 필요하니 집에서 식재료를 사다가 요리를 하자고 결심을 한다면 이는 지켜질 수 없는 계획입니다. 눈앞의 현실은 무시한 채 스스로에게 이상적인 모습만을 강요하는 것은 자기를 괴롭힐 뿐입니다.

제 직업의 특성상 '저축하는 방법'에 대한 질문을 자주 받습니다. 그런데 아무리 고민을 해보아도 저축하는 방법을 몰라서 못하는 건 아니라는 생각이 듭니다. 살을 빼는 방법을 몰라서 살을 못 뺀 게 아니듯, 저축하는 방법을 몰라서 저축을 못한 게 아닙니다. 저축은 특정 금융 상품에 가입하고, 풍차 돌리기를 하는 등 일회적인 방법을 따라 실천할 수 있는 게 아닙니다. 아무리 기발한 금융 상품을 골라 매달 저축액을 높인다 해도 그에 따라 일상의 소비 수준을 낮출 수 없다면 그 적금은 얼마 안 가 해지하게 됩니다. 그렇기에 저축은 이 상품을 가입하고, 저 카드를 사용하는 것보다는 매 순간 '지금 이걸 살까 말까' 사이의 질문에서 후자를 택하는 것에 가깝습니다. 상품에 가입할 때, 적금액이 빠져나갈 때만 저축을 하는 게 아니라 소비를 한 번 하지 않을 때마다 저축이 되는 것이지요.

애석하게도 오늘 돈을 쓰는 소비의 즐거움과 내일을 대비하는 저축의 안정감을 나란히 놓기는 어렵습니다. 오늘 돈을 쓰면 그만큼 미래에 쓸 수 있는 돈이 줄어드니 안정감이 줄어들고, 미래를 위해 저축하는 만큼 오늘 누릴 수 있는 즐거움은 줄어드니까요. 결국 우리는 오른쪽, 왼쪽으로 끊임없이 움직이는 저울을 들고 있습니다. 한 축에는 즐거움이라는 축을, 다른 한 축에는 안정감이라는 축을 둔 채로 말이에요.

어느 한쪽을 극단적으로 선택할 필요는 없습니다. 무조건 당장을 즐겨야 하고 미래는 생각할 것 없다거나 저축이 우선이고 오늘은 참는 게 답이라는 말만큼 답답한 것도 없으니까요. 빨간색과 주황색 사이에도 다홍색처럼 수많은 애매한 색들이 있는 것처럼, 소비와 저축 역시 0 아니면 1처럼 어느 한 가지만 선택해야 하는 것은 아닙니다. 누군가에게는 즐거움이 더 중요한 반면 다른 누군가에게는 안정감이 더 중요합니다. 하지만 그 수준이 어떠하든지 자신에게 맞는 즐거움과 안정감의 수준을 잘 조정할 수 있는 사람이 일상의 행복에 가까워지리라 생각합니다. 극단에 있는 소비 축과 저축 축 사이에서 자신의 상황과 성향에 맞는 중도를 찾아가는 것이 현명한 저축 계획의 시작입니다.

'살까'와 '말까' 사이에서

결정에는 책임이 뒤따른다

그렇다면 왜 우리는 '살까, 말까' 사이에서 '말까'를 선택하지 못하는 걸까요? 제 스스로를 돌아보았을 때, 그리고 다양한 환경의 내담자들을 만나며 제가 내린 결론은 의외로 간단했습니다. 그것은 굳이 '말까'를 선택하지 않아도 되기 때문입니다.

앞에서 이야기했듯 '살까, 말까' 중에 '말까'를 선택하는 것은 자연스럽지 않습니다. 눈앞의 즐거움을 뒤로 미루고 손에 잡히지 않는 미래의 안정을 도모하는 것은 종종 고통스럽습니다. 그렇기 때문에 우리는 정말로 굳이 '말까'를 택하지 않아도 되는 상황에서는 애써 어려운 선택을 하지 않는 것이지요.

그렇다면 과연 언제 사람은 '말까'라는 어려운 선택을 피할 수 있을까요?

첫째는 본인이 '말까'를 택해야 하는 상황임을 모르는 경우입니다. 지속적으로 경제 상황을 확인하지 않고, 자신이 처한 상황을 외면하기 때문에 자신이 지금은 조금 참아야 할 상황이라는 걸 알지 못하는 것입니다. 알아차리지 못하기 때문에 무모하게 '살까'를 선택하고 나중에 결과에 고통을 받는 것이지요. 이런 악순환이 되풀이되는 상황을 피하기 위해 가계부를 쓰는 것이기도 하고요.

또 다른 경우는 실제로 '말까'를 선택한 결과가 별로 두렵지 않을 때입니다. 통장 잔고가 여유롭거나 가정 형편이 넉넉하여 기댈 곳이 있을 때 사람은 애써 힘든 일을 하지 않습니다.

경제 상담을 진행할 때 한 내담자는 경제 상황이 좋지 않을 때마다 부모님에게 도움을 받았다고 했습니다. 이런 경우에는 아무리 지출을 파악하고 예산을 세워봤자 본인이 더 이상 부모님의 도움을 받지 않겠다는 굳은 결심을 하거나 부모님이 더 이상 도와주지 않겠다고 단호하게 선언하지 않는 한 상황은 좀처럼 나아지지 않습니다.

이 내담자의 예처럼 최악의 경우 아무튼 어딘가 도망갈 곳이 있다는 걸 알 때 우리는 '살까, 말까'의 선택지 앞에서 익숙하고 편안한 '살까'를 선택하게 됩니다.

여러분은 어떤 쪽에 속하시나요? 물론 '말까'를 택하는 이유가 꼭 객관적으로 넉넉한 형편이어서는 아닙니다. '살까'를 선택한 결과 남들 다 하고 사는 일을 못해도 괜찮은 사람, 경제적으로 어려운 상황에 놓이는 게 남들보다 무섭지 않은 사람, 주위의 눈치를 보고 욕을 먹더라도 남들의 도움을 받는 게 어렵지 않은 사람은 굳이 '말까'를 선택하지 않습니다.

세상에는 '살까'를 참는 대신 미래의 어려움을 피하려는 사람들이 있는 것처럼, '살까'를 택하지만 그 결과를 그대로 받아들이는 사람 또한 있으니까요.

결국 안 모아도 괜찮으니까 안 모으는 것입니다. 개인의 여유로운 마음이든, 믿을 만한 통장 잔고이든, 뻔뻔한 성격이든 관계없이 말이에요. 그리고 안 모아도 괜찮아서 안 모으는 데 문제가 있는 것도 아닙니다. 결국 어떤 결정이든 우리는 선택을 하고 그것에 대해 책임을 질 뿐입니다. '살까'를 택하는 사람 역시 자신에게 맞는 선택을 하고 그 책임을 질 뿐입니다.

때문에 내가 반복적으로 돈을 모아야겠다고 생각하면서도 모으지 못한다면 질문해보세요. 돈을 모아야만 한다고 말하는 사람들 앞에서 고개를 끄덕였지만 정말 그게 내 진심인지 말입니다. 애써 '말까'를 택하고, 하고 싶은 걸 참고, 쓰고 싶은 걸 못 쓰면서도 저축을 하고 싶었는지 말이에요.

저축에 대해 강박적으로 부담 갖지는 마세요. 세상에 무조건 저축해야 하는 법은 없습니다. 안 모으고 그 결과를 받아들이는 것 또한 하나의 방법입니다. 하지만 어느 쪽을 택하든 자신이 무엇을 원하는

지는 확실히 알고 있어야 그 결과를 불행하지 않게 받아들일 수 있습니다.

쓰고 싶은 대로 쓴 사람의 최후

돈으로 살 수 있는 즐거움은 잠깐이다

'살까, 말까' 하는 망설임의 순간에 조금이라도 '말까'를 택할 가능성을 높이는 방법은 '살까'를 택해도 내 인생에 답은 안 나온다는 것을 아는 것입니다. 저는 한동안 제한을 두지 말고 마음 가는 대로 써보기 실험을 해보았는데요. 합리적 소비에서 벗어나 마음 가는 대로 돈을 쓰면서 무척이나 즐거웠습니다. 분명 돈은 세상을 더 윤택한 곳으로, 더 즐거운 곳으로, 더 편리한 곳으로 만들어주었거든요. 하지만 그렇게 돈을 한계 없이 쓰는 기간이 길어질수록 즐거움은 점점 줄어들었습니다.

카페에서 먹는 커피와 디저트는 일상이 되었습니다. 달달한 케이

크도, 맛있는 커피도 그다지 특별하게 느껴지지 않았습니다. 1주일에 한 번씩 받는 마사지는 점점 더 의무처럼 느껴졌고, 보기만 해도 기분을 좋게 해주었던 젤 네일 시술은 몇 번 받으니 손톱이 건잡을 수 없이 약해질 뿐이었습니다. 이걸 사고 저걸 해보면 내 삶의 구멍을 채울 수 있으리라 생각했지만, 돈으로 구매한 잠깐의 즐거움은 금세 사라졌습니다. 채워도 채워지지 않는 항아리 앞에 선 콩쥐처럼 저는 돈으로도 채워지지 않는 삶의 만족감에 당혹스러운 마음을 감출 수 없었습니다.

돈을 쓸수록 돈을 더 많이 쓰는 것이 자연스러워졌지만 이와 비례하여 행복이 커지진 않았습니다. 오히려 내 일상의 기쁨 같던 요소들에 무감각해졌지요. 예전엔 커피 한 잔으로 100만큼의 기쁨을 누릴 수 있었다면 이제는 그 기쁨이 10 정도로 떨어지고, 때로는 오히려 마이너스 10까지 내려가기도 했습니다. 특별했던 이벤트가 일상이 되고 나니 거기에서 얻을 수 있는 즐거움은 점점 더 작아졌습니다. 다시 큰 기쁨을 내놓으라고 더 열심히 무언가를 사고 새로운 것을 해보았지만, 글쎄요, 조금 피곤하다는 생각이 들기 시작했습니다.

물론 세간에는 '돈을 쓰는데도 행복하지 않다면 돈이 부족한 건 아닌지 확인해보라'는 말이 떠돕니다. 맞아요. 분명 지금보다 더 큰 규모로 무언가를 사고, 여행을 가고, 서비스를 받는다면 또 새로운 기쁨을 느끼겠지요. 하지만 그 새로운 기쁨도 시간이 지나면 무뎌지고, 다시 또 더 큰 즐거움을 찾아야 한다면 그건 행복인지 일인지 헷갈리기 시작합니다.

지루한 결론이지만, 돈을 쓰면 쓸수록 기쁨의 역치가 높아진다는 사실은 부인할 수 없습니다. 꼭 필요한 가방을 살 수 있는 것으로도 만족했던 나는 점점 더 예쁜 가방, 소재가 좋은 가방, 그리고 이름 있는 가방으로 그 기준이 높아집니다. 결국 200만 원을 버는 사람은 300만 원을, 300만 원을 버는 사람은 500만 원을 원합니다. 어쩌면 가진 것에 만족할 수 없고, 빈 지점을 바라보게 되는 것은 인간의 본성일지도 모르겠습니다. 그러나 욕망이 이끄는 대로 생활 수준을 끝없이 높이다보면 그 대가로 내 삶 전부를 바치게 될 수도 있습니다.

돈을 더 많이 번다고 해서 무조건 문제가 해결되지도 않습니다. 수입이 늘어난 만큼 필요한 곳 역시 늘어나니까요. 수입이 늘어난 만큼 교통비와 업무 비용도 늘어납니다. 수입과 함께 스트레스 역시 늘어났으니, 그 스트레스를 해소하는 비용도 늘어납니다. 어제보다 높아진 오늘의 생활 수준은 일상의 '기본'이 되어 이 정도 외식을 하고, 이 정도 차는 굴리고, 이 정도 여행을 가주는 게 당연합니다. 한 번 높아진 기본은 낮아질 줄 모르고 '이 정도'도 누리지 못하는 삶은 상상할 수도 없습니다. 미래에도 그 기본을 지키기 위해서는 역시 많은 돈이 필요할 테니 오늘의 생활 수준이 높은 만큼 미래를 위해 필요한 저축액 역시 높아집니다.

소비가 선사하는 쾌감을 부정하고자 하는 것은 아닙니다. 하지만 이를 통해 얻어낸 기쁨은 금세 무뎌지고, 돈으로 해결할 수 있는 것엔 한계가 있다는 점 역시 인식할 때 보다 객관적으로 소비를 바라볼 수 있습니다. 그렇게 한 걸음 떨어져 소비를 바라볼 수 있을 때, 우리는 비로소 멈춰야 할 지점을 알 수 있을 것입니다.

사고 싶으면 다 사라, 단……

쉬운 소비자는 이제 그만!

언젠가 친구와 연애에 대해 이야기를 나누었습니다. 제가 "어떤 사람을 좋아해?"라고 묻자 친구는 '착한 사람', '몸 좋은 사람', '담배 피지 않는 사람'이라는 세 가지 기준을 제시하더군요. 무 자르듯 명확히 기준을 말하는 친구의 대답에 사뭇 놀랐습니다. "너는 어때?"라는 친구의 질문에 저는 제대로 대답하지 못했거든요. 이럴 땐 이런 사람이 좋아서 만났고, 저럴 땐 저런 사람이 좋아서 만났기에 친구와 같은 일관된 기준은 없었습니다.

집으로 돌아와 나에게는 왜 그 같은 기준이 없는지 곰곰이 생각해 보았습니다. 그리고 결론은 지금껏 '좋아하면 만나는 것'이라고 여겼기 때문이란 걸 깨달았어요. 나와 맞는 사람인지, 신뢰할 수 있는 사람인지, 지속적으로 좋은 관계를 만들어갈 수 있는 사람인지에 앞서 저에게는 '내가 이 사람을 좋아하는가'가 중요했습니다. 그래서 처음부터 안 맞는 사람인 걸 알면서도 애써 그런 의심을 외면하고 관계를 시작하기도 했습니다. 덕분에 그러지 않았다면 갖지 못했을 경험과 추억을 쌓기도 했지만, 이제는 당장 좋다고 다 만나는 건 아니구나라는 점을 어렴풋이 깨닫기 시작했습니다.

자신의 기준이 없는 사람은 상황에 따라 쉽게 흔들리고, 내가 진짜 원했던 가치를 놓치기 쉽습니다. 인정하기 싫었지만 연애에 있어서 저는 '쉬운' 사람이었습니다. 그리고 이는 돈 관리에서도 마찬가지입니다. 하루에도 몇 번씩 '사고 싶다', '하고 싶다'는 욕구가 솟구칩니다. 하지만 사고 싶다는 마음이 들었다고 무조건 다 사다보면 쉬운 소비자, 쉬운 고객이 될 뿐입니다. 결국 무분별한 소비를 줄이고 저축을 늘리기 위해서는 톡 하고 건들면 쉽게 넘어오는 소비자가 아닌 자신만의 기준이 있어 유혹하기 쉽지 않은 소비자가 되어야 합니다.

그렇다면 돈을 잘 쓰기 위한 기준을 세우기 위해서는 내가 중요시하는 것이 무엇인가를 알아야겠지요? 지출의 기준을 세우기 위해 먼저 나에게 행복이란 무엇인지, 삶에서 중요한 세 가지 가치는 무엇인지를 알아야 합니다.

저에게 중요한 세 가지 가치는 건강, 여유, 기여입니다. 저는 몸이 아프면 그렇게 서러울 수가 없습니다. 갑자기 내가 하던 모든 일이 부질없어 보이고, 인생을 잘못 살고 있다는 느낌을 받습니다. 그래서 무엇보다 신체적으로 건강함을 유지하는 게 가장 중요하다고 생각합니다. 그다음으로 중요시하는 가치는 여유입니다. 행복한 삶을 떠올리면 일만 하는 모습보다는 관심 있는 여러 가지 취미생활을 하는 모습이 떠오릅니다. 마지막으로 중요시하는 가치는 기여입니다. 제가 내리는 선택이, 제가 하고 있는 일이 사회에 도움이 되기를 바랍니다. 아무리 내게 이득을 가져다주는 선택이라고 할지라도 그게 사회 전체에 해가 된다면 그다지 기쁠 것 같지 않습니다.

이렇게 제가 중요하게 여기는 가치를 정리한 후에는 내가 과연 잘 살고 있나 하는 의문이 들 때마다 대답하기가 한결 쉬워졌습니다. 일단 지금 건강한가? 여유가 있는가? 기여하고 있는가? 이 세 가지 질문들을 던져보고, 그에 대한 대답이 '예스'라면 잘살고 있다고 확신할 수 있었기 때문입니다.

이들 가치는 제 경제생활에도 그대로 이어집니다. 건강을 중요시하기에 먹고사는 데 드는 비용인 생활비에는 너그럽기 그지없습니다. 혼자 식사를 할 때도 꼭 제대로 된 식당에 가서 잘 챙겨 먹습니다. 여유를 중시하기에 상황이 빠듯할 때에도 여가생활을 위한 활동비에 최소한의 금액은 배정하려고 노력합니다. 마지막으로 기여는 지출보다는 수입과 이어지는데요. 어떤 일을 할지 선택하는 과정에서 그 일이 사회적으로도 도움이 되는지를 함께 고민합니다.

그리고 상대적으로 건강과 여유, 기여와 관련이 없는 지출 항목들에는 돈을 많이 배분하지 않습니다. 고정 비용을 줄이기 위해 월세가 저렴한 공공임대주택에 거주합니다. 휴대폰은 사용한 지 4년이 넘었고, 비교적 저렴한 요금제를 이용합니다. 차량은 구입할 계획이 없으며, 의류나 잡화 등은 종류별로 한두 가지씩만 있으면 충분합니다. 보다 덜 중요한 항목들에서 비용을 줄일 수 있기에 정말 중요시하는 항목들에 돈을 더 투자할 수 있습니다.

여러분이 중요하게 생각하는 세 가지 가치는 무엇인가요? 바로 그 가치들이 떠오르는 분도, 그렇지 않은 분도 있을 것입니다. 사실 살면서 중요한 게 얼마나 많은데 그 가운데 세 가지를 고르는 게 쉬운 일은 아니지요. 하지만 아무리 원하는 바가 많더라도 현실에서는 그 세 가지만이라도 잡는 게 쉽지 않습니다. 나를 쉽지 않은 사람으로 만들어줄 나만의 기준은 무엇인지를 생각해보세요.

일단은 스톱, 너무 힘들면 고

안 써보기 실험을 해보자

그렇다면 이미 빠듯한 생활에서 어떻게 저축할 여지를 만들 수 있을까요? 혹시 무조건 쓰면 안 된다고, 절약해야 한다고 스스로를 옭아매지는 않나요? 저는 '안 써보기' 실험을 해보자고 권하고 싶습니다. 지금껏 당연히 필요하다고 생각했던 것들에 정말 그럴까라고 의문을 제기해보는 것입니다.

일상이 지루해질 때마다 머리를 바꿨다면 이번에는 한 번 참아봅니다. '내가 살게'를 습관적으로 말해왔다면 이번 한 번은 남에게 얻어먹어봅니다. 몸이 피곤할 때마다 받았던 마사지, 스트레스를 받을 때마다 시켰던 떡볶이, 출근길에 주문하던 신상 원피스도 다음으로 미뤄봅니다. 그리고 그 결과가 어떤지 살펴보는 것입니다.

어떤 욕망은 며칠이 지나도 나를 끈질기게 따라다니며 괴롭힙니다. '이 원피스는 사야 해'라고 누가 옆에서 주문을 외우는 것처럼요. 그렇게 안 써보기 실험을 했을 때 두고두고 힘들다면 하면 됩니다. 그렇게 원하는 걸 하려고 돈을 버는 거니까요. 반면, 그 순간만 넘기면 언제 그랬냐 싶을 정도로 쉽게 가라앉는 욕망도 있습니다. 당시에는 미치도록 원했던 물건이나 서비스도 정말 그게 없으면 안 되어서라기보다는 당시의 나에게 단순한 전환점이 필요했던 것일 수도 있거든요. 저는 심심할 때마다 머리를 못살게 구는 습관이 있었는데요. 외모 권태기가 왔을 때마다 한 번씩 머리를 바꿔주던 습관이 사실은 잠시의 지루함을 견디지 못해서였음을 깨닫고 나니 꾸밈비에 쓰는 비용이 크게 줄었습니다.

안 써보기 실험을 하는 효과적인 방법은 구매의 각 단계에 시간 차를 두는 것인데요. 무언가가 필요하거나 사고 싶다는 마음이 들 때 무조건 '안 돼'라고 말하는 대신 그저 그렇게 원하는 상태로 나를 내버려둡니다. 이 마음이 지속되면 사야겠다라고 생각하면서요. 그러다 그 욕구가 계속되면 인터넷 등으로 주문을 합니다. 다만 이때 주문을 해놓고 바로 결제하지 않습니다. 무통장 입금 등 추후에 결제를 할 수 있는 수단으로 결제 방법을 선택하고, 또 며칠 기다려봅니다. 그런데 놀랍게도 단 하루나 이틀 사이에 마음이 변해서 '다시 생각해보니 필요 없는 것 같아'라거나 '안 사길 잘했다'라고 생각했던 적이 한두 번이 아닙니다. 그렇게 결제를 하지 않고 두면 자동으로 주문이 취소되니 별다른 절차를 취할 필요도 없습니다.

이렇게 짧은 시간 동안 마음이 급격하게 바뀌는 걸 몇 번 경험하고 나면 '당장 이걸 사야겠다', '당장 이걸 해야겠다'는 마음이 들 때에도 섣불리 행동하지 않고 한숨 쉬어가게 됩니다. 그러고 나서도 계속 원한다면 즐겁게 구매하면 되고요.

탐나는 걸 어떡해!

욕망해도 괜찮아

안 써보기 실험을 하자는 제안이 무조건 자신의 욕망을 무시하자는 말은 아닙니다. 저는 한때 잘나고 싶은 욕망, 예뻐지고 싶은 욕망이 버거워 욕망 자체를 미워한 적도 있었습니다. 〈내 이름은 김삼순〉이라는 드라마에서 시련의 상처에 힘들어하던 주인공이 '심장이 딱딱해졌으면 좋겠다'라고 말했던 것처럼요. 애초에 나에게 이런 욕망이 없었다면 삶이 더 편안하지 않았을까 불평했습니다.

하지만 어떤 욕망도 갖지 않은 사람은 결국 죽은 사람 아닐까요? 살아 있다는 것 자체가 무언가를 바라는 일이라는 생각이 들자 좋은 것을 갖고 싶은 마음, 아름다운 곳에 가고 싶은 마음, 좋아하는 사람과 함께 하고 싶은 마음은 내가 잘 살아 있다는 증거임을 알게 되었습니다.

새로운 무언가를 원한다는 것은 지금에 만족하지 못한다는 이야기이기도 한데요. 인간이 긍정적인 부분보다는 부정적인 부분에 자연스럽게 더 집중하는 경향을 '부정 편향(negativity bias)'이라고 합니다. 사회학자들은 주위의 위험 신호에 보다 민감하게 반응할수록 생존에 유리하기 때문에 인간에게 부정 편향이 발달했다고 설명합니다. 결국 '이게 더 필요하다', '저걸 갖고 싶다'는 욕망은 실제로 내 생존을 유리하게 만드는 본능이기도 한 것이지요.

그렇기 때문에 사고 싶은 것, 하고 싶은 것이 있고 그걸 충당할 수 있는 돈이 있다면 얼마든지 돈을 통해 욕망을 해결하면 됩니다. 그러려고 돈을 버는 거니까요. 하지만 돈으로 해결할 수 없는 경우라면 그 물건과 경험을 통해 얻고 싶은 것은 궁극적으로 무엇인지를 살펴보고, 그 욕망을 충족시킬 수 있는 대안을 찾아야 합니다. 돈은 결국 원하는 바를 얻기 위한 수단이었을 뿐, 내가 원하는 것 자체는 아니니까요.

돈으로만 욕구를 해결할 수 있다고, 결국 돈이 답이라고 단정 짓지 않으면 보이지 않던 것들이 보이기 시작합니다. 저는 처음에 사무실이 없어 카페에서 일을 했는데요. 몸에 좋지 않은 음료와 디저트를 매일 먹는 것도, 만만치 않은 비용을 지불해야 하는 것도 불만이었습니다. 그러다 제가 진짜 원하는 것이 카페에서의 작업이 아니라 일할 수 있는 좋은 환경인 것을 알고 대안을 찾기 시작했습니다. 집에서 가까운 도서관에서도 일을 해보고, 프리미엄 독서실이나 돈을 내고 입주할 수 있는 코워킹 스페이스도 찾아봤습니다. 결국에는 지방 정부에서 청년들에게 무료로 작업할 수 있는 공간을 제공한다는 사실을 알고는 쾌적한 공간에서 큰 비용 없이 일하게 되었습니다.

이외에도 지역의 평생교육센터에서 제공하는 요가 수업을 저렴하게 듣거나, 시에서 운영하는 무료 전시를 관람하는 등 문화생활과 취미에 대한 욕구 역시 다양한 방법으로 충족시키고 있습니다. '그런 건 어떻게 알았어?'라고 묻는 친구들에게는 내가 필요한 게 무엇인지 구체적으로 알고 있으면 이에 대한 정보가 보인다고 대답해주었습니다.

평소에 도움이 되는 정보를 미리 알아두는 게 아닙니다. 가계부를 보다보면 '주거비 때문에 고정비가 너무 커. 줄일 수 있는 방법은 없을까?', '커피 값이 많이 나오는데 왜 그럴까?'와 같은 궁금증이 저절로 생깁니다. 그러면 이를 해결할 수 있는 답을 찾게 되고, 유용한 정보와 제도가 보이는 것이지요. 이미 세상에는 도움이 되는 정보들이 널려 있습니다. 그런 지식과 정보를 마주칠 때마다 꼬박꼬박 스크랩해두었지만 정작 다시 보지 않고 쌓아두기만 한 경험은 없나요? 아무리 유용한 정보를 얻는다 해도 내 안에 강렬한 호기심이 없다면 그저 스쳐가는 정보로 남을 뿐입니다. 때문에 무조건 도움이 되는 정보를 찾기보다는 내 지출을 살펴보며 어떤 욕구와 문제가 있는지 발견하는 게 먼저입니다.

나의 욕망은 내 필요를 알려주는 소중한 신호입니다. 그리고 그 욕망을 해결하는 데에는 돈이 들지요. 하지만 모든 문제를 빠르게, 단번에 해결하려 하지 않는다면 욕망을 해결하기 위해 다른 방식들을 시도해볼 수 있습니다. 그렇게 당면한 문제를 하나씩 해결해가는 과정이 삶 아닐까요?

너무 힘들면 바꿔봐

돈 쓰기 어려운 환경으로 만든다

은행 직원 : 은행 거래가 많으시네요. 이 정도면 신용카드 발급이 가능한데, 발급해드릴까요?

나 : 아니요, 괜찮아요.

은행 직원 : 신용카드는 안 쓰세요?

나 : 네, 안 써요.

은행 직원 : 그런데 이번에 카드를 얼마까지 쓰면 적금 이율이 7퍼센트라서…….

저는 은행 업무를 보러 갔다가 이후에도 두세 번은 더 카드 발급을 거절하고서야 은행을 빠져나올 수 있었습니다. 요즘에는 은행 창구를 이용할 때면 신용카드 발급을 많이 권유받습니다. 그리고 그때마다 여지없이 거절을 하는데, 가끔 직원으로부터 이해할 수 없다는 눈길을 받습니다. 젊은 나이에 모바일 뱅킹도 이용하지 않고, 신용카드 역시 극구 거절을 하니까요.

직원은 친절하게 설명을 해줍니다. 지금 쓰는 만큼만 써도 포인트가 이만큼 쌓인다고, 그 포인트를 현금으로 바꾸면 내야 하는 연회비보다 몇만 원이나 많다고 이득을 자세히 알려줍니다. 그럼에도 저는 생각해보겠다는 말만 한 채 카드 발급을 미룹니다. 모바일 뱅킹도 이용할 계획이 없습니다. 신용카드나 편리한 기술이 나빠서도, 이게 더 이득이라는 직원을 못 믿어서도 아닙니다. 돈을 쓰는 게 너무나 쉬운 지금의 사회에서 조금이라도 나를 더 신중하게 하는 환경을 만들고 싶기 때문입니다.

돈 쓰기가 너무도 쉬운 것이 개인의 탓만은 아닙니다. 사람은 개인의 의지뿐만 아니라 환경의 영향을 받아 행동하는 존재이니까요. 《최고의 변화는 어디서 시작되는가》에서 저자인 벤저민 하디는 성공하기 위해서는 환경부터 바꾸어야 한다고 주장합니다. 어떤 환경에 놓이느냐에 따라 같은 사람일지라도 전혀 다르게 행동하기에, 성공을 이뤄내기 위해서는 성공을 가능하게 하는 환경을 만들어야 한다고 말이에요.

아쉽게도 우리가 사는 자본주의 사회는 돈을 쓰기가 너무나 쉽습니다. 은행부터 카드사, 휴대폰 소액 결제 등 지금 내가 가진 돈이 없어도 먼저 쓰게 해주는 곳이 많습니다. 또 하루에도 셀 수 없이 접하는 광고는 어떻고요. 휴대폰에서, 지하철에서, 길거리 쇼윈도에서 새로운 물건과 서비스는 세련된 손길로 우리를 유혹합니다. 그리고 나 역시 못 이기는 척 넘어가고 싶은 마음이 굴뚝같고요. 그렇기 때문에 이 사회에서 내 지갑을 지키는 근본적인 방법은 돈을 쉽게 쓰게 만드는 지금의 환경을 조금이라도 불편하게 만드는 것입니다.

가장 쉬운 방법은 결제를 불편하게 하는 것입니다. 저는 신용카드를 쓰지 않을 뿐만 아니라 얼마 전에는 잘 쓰던 체크카드마저 사용을 줄였습니다. 신용카드를 쓰면 물건을 구입해도 돈이 바로 빠져나가지 않습니다. 돈을 써도 남아 있으니 쓸 수 있는 돈이 많다고 생각해 더 많은 금액을 쓰게 됩니다. 반면에 체크카드는 쓰는 즉시 금액이 빠져나가니 신용카드보다는 지불의 느낌이 강하게 납니다. 하지만 어느 순간부터 체크카드마저 돈 쓰는 느낌이 나지 않더라고요. 카드만 주고받으니 그 가격이 정확히 얼마인지, 내가 사는 상품과 서비스에 적절한 금액인지 아무런 생각도 하지 않게 되었습니다. 그래서 평소에는 체크카드를 쓰다가도 돈 관리를 좀 더 철저하게 해야 할 때는 현금을 위주로 사용합니다.

현금을 사용하면 곧바로 불편이 느껴집니다. 일단 계산하는 데 남들보다 오래 걸립니다. 계산대 앞에서 5,800원을 하나하나 꺼내고 있자면, 내가 5,800원을 주고 이걸 사먹고 있다는 걸 잊으려야 잊을 수가 없습니다. 맛없는 음식을 먹고 비싼 값을 지불할 때면 카드로 계산할 때보다 지폐를 건네는 게 훨씬 고통스럽습니다. 그리고 그 불편함과 고통이 내가 더 원하는 곳에 돈을 쓰도록 도와줍니다.

새로운 상품이나 광고에 노출되지 않도록 하는 것도 방법입니다. 저는 평소에는 그다지 갖고 싶은 게 없는데도 백화점에만 들어서면 5분 안에 갖고 싶은 게 생깁니다. 그리고 한 번 마음속에 들어온 물건은 흥미가 사라질 때까지 끈질기게 유혹합니다. 때문에 애초에 아이쇼핑을 한다거나 인터넷 쇼핑몰을 재미로 둘러보지 않습니다. 괜히 나를 고통스럽게 만들고 싶지 않기 때문입니다.

굳이 애써서 절약을 하고 싶지 않다면 환경을 먼저 바꿔보세요. 월급날 적금을 자동이체하는 일, 가계부와 펜을 침대맡에 두는 일 등 사소한 변화일지라도 괜찮습니다. 내가 이루고 싶은 목표와 나를 둘러싼 환경이 일치하는지, 아니면 말은 변화를 원하지만 환경은 그 정반대를 이야기하는지 확인해보시기 바랍니다.

빚이 있는데 저축을 한다고?

조삼모사의 함정에 빠지지 않으려면

옛 송나라에는 원숭이를 좋아해서 많은 원숭이들을 키웠던 저공이라는 인물이 살았습니다. 원숭이의 수가 늘어나 먹이인 도토리가 부족해지자 저공은 원숭이들에게 이제부터는 아침에 3개, 저녁에 4개의 도토리를 주겠다고 공표했는데요. 이 발표에 원숭이들은 분노합니다. 저공은 반발하는 원숭이들을 달래며 그럼 아침에 4개, 저녁에 3개의 도토리를 주겠다고 이야기합니다. 이에 원숭이들은 좋아했더라 하는 이야기가 '조삼모사'라는 고사성어의 어원입니다.

이 일화를 보면 원숭이들은 정말 바보구나 싶습니다. 하지만 우리 역시 꽤 자주 조삼모사 같은 상황에 넘어가곤 하는데요. 돈 관리를 할 때도 마찬가지입니다. 상담을 통해 수입과 지출액, 저축액을 파악하면 무엇이 문제인지 금세 드러납니다. 예를 들어 수입은 100만 원인데 80만 원을 쓰고 30만 원을 저축한다고 가정할게요. 그러면 들어오는 돈은 100만 원인데 나가는 돈이 110만 원이니 돈이 부족할 수밖에 없습니다.

그렇다면 지금까지 그 부족한 10만 원은 어떻게 해결했을까요? 첫째, 내가 생각하지 못했던 부가 수입이 있어 추가 지출액을 해결할 수 있었거나 둘째, 부족한 10만 원만큼을 부채로 빌려와 사용한 것입니다. 첫 번째 경우라면 그나마 다행이겠지만, 두 번째 경우라면 빚을 지면서 저축을 해오던 셈입니다. 그러면 이 사람의 월 저축액은 30만 원일까요, 20만 원일까요? 통장에 30만 원을 입금했다 하더라도 추가적으로 10만 원의 부채를 만들었으니 순 저축액은 20만 원이 되는 셈입니다.

너무나 명확한 셈법이지만 내 이야기가 되면 느낌이 달라집니다. 아무리 그래도 통장에 넣은 돈은 30만 원이니 30만 원을 저축하는 거 아니냐고 우기고 싶습니다. 10만 원씩 카드빚이 쌓이더라도 한 달에 30만 원은 저축하는 사람이고 싶습니다. 1년 뒤 240만 원을 갖고 있는 것보다 360만 원을 갖고 120만 원의 빚이 있는 게 좀 더 마음이 편합니다. 어쨌거나 쓸 수 있는 돈이 360만 원인 것이 240만 원인 쪽보다 나은 게 아닐까요? 하지만 아무리 그 편이 마음 편하더라도 결국 시간이 지나면 그 360만 원으로 카드값 120만 원을 갚아야 하고, 남는 돈은 240만 원이라는 사실에는 변함이 없습니다. 꼭 조삼모사 같지요?

'나는 아니야'라고 생각을 해도 부채는 부채대로 만들면서 저축하는 경우가 생각보다 많습니다. 금액의 많고 적음을 떠나 그런 부채들은 카드 할부, 리볼빙, 현금서비스, 마이너스 통장, 약관 대출 등 다양한 모습으로 내 곁에 존재합니다. 적지 않은 이자를 꼬박꼬박 요구하면서 말이에요.

때문에 미래의 나를 위해 저축하기로 마음먹었다면 많은 돈을 저축하는 것보다 '빚내면서 저축하지 않기'를 먼저 염두에 두는 것이 좋습니다. 나 자신을 속이지 않아야 내 상황을 정확히 파악할 수 있습니다. 그리고 상황이 좋지 않을 때는 그 위험성을 알고 있어야 빨리 개선을 위한 행동을 취하게 됩니다.

PART 6

내일의 나도 행복하려면

MY FIRST MONEY DIARY

“

일반적인 20, 30대에게 투자를 권하지 않는 이유는
우리가 모아둔 돈은 몇 년 내로 쓰일 돈,
그렇기에 잃어서는 안 되는 돈이기 때문입니다.

”

1단계 : 적금아, 너의 이름은……

왜 돈을 모으는지부터 생각한다

얼마 전 지인에게서 '1년에 2000 플랜'을 실행하기 위해 노력 중이라는 말을 들었습니다. 1년에 2000 플랜은 1년에 2,000만 원을 모으기 위한 계획으로, 한 달에 약 167만 원을 저축해야 합니다. "그런데 왜 하필 2,000만 원이야?"라고 묻는 질문에 그는 1년에 2,000만 원 정도는 모아두어야 자신이 생각하는 '보통의 OO살'에 부합할 수 있을 것 같다고 하더군요.

사회 초년생인 그가 실제로 매달 167만 원을 저축할 수 있는 여유가 있는지는 잘 모르겠습니다. 하지만 그는 자신의 생활이 어려워지더라도 그 저축 목표를 달성하는 것이 우선이라 생각하는 듯 보였습니다.

OO살이라면 최소 얼마는 갖고 있어야 하고, 그러니 얼마는 저축하라는 조언은 분명 매력적입니다. 재고 따질 것 없이 그 숫자만 목표로 삼고 달리면 되니까요. 하지만 그러한 목표는 개별적인 사람들의 이야기와 환경, 필요와 욕구와는 동떨어진 허구적인 목표이기도 합니다. '보통의 OO살'이라는 건 사실 존재하지 않을뿐더러 그 보통에 맞추기 위해 고생해야 하는 건 여기 존재하는 특수한 자신이니까요.

더해서 무작정 '5,000만 원을 모으자', '1억 원을 모으자'는 목표는 돈을 모으기 위해 그다지 효과적이지도 않습니다. 상담을 할 때면 내담자의 지금까지 모은 금융자산을 살펴보고, 이 금융자산이 무엇을 위한 것인지 묻는데요. 대다수의 경우 구체적인 목표보다는 '그냥' 저축을 한다는 분들이 많았습니다.

하지만 무엇을 위한 건지도 알 수 없는 5,000만 원과 1억 원은 지속적으로 저축을 유지하는 동기가 되지 못합니다. 처음에는 막연히 큰 금액을 갖고 싶어서 야심차게 시작해도 일상으로 돌아오면 여름맞이 여행상품 앞에서, 급하게 돈이 필요하다는 동생의 부탁 앞에서 목표를 잃고 흐지부지되기 쉽기 때문입니다. 설령 어렵게 돈을 모았다고 해도 무엇을 위한 것인지 목적이 없기 때문에 엉뚱한 곳에 쓰이기도 하고요. 그러므로 내 돈을 모으고 지키기 위해서는 먼저 무엇을 위해 돈을 모으는지 저축에 '이름'을 붙여주는 게 중요합니다.

그런데 지금까지 '왜' 돈을 모으는지 구체적으로 생각해보지 않았다면 처음부터 뚜렷한 목표를 정하기가 어려울 수 있습니다. 그럴 때는 먼저 다음 세 가지를 목표로 돈을 모아보세요.

첫째, 비상자금

남녀노소를 불문하고 가장 먼저 마련해야 할 자금은 비상자금입니다. 보통 비상자금은 한 달에 지출하는 생활비와 대출 상환금 합계의 최소 3개월치로 잡는데요. 갑자기 소득이 중단되어도 최소한 3개월 정도는 버틸 수 있게 해주는 금액이 비상자금입니다. 이 자금은 '갑자기 제주도에 가고 싶어졌다. 비상이야!' 하면서 쓸 수 있는 돈이 아닙니다. 물론 사람에 따라 3개월만으로는 안심이 되지 않을 수 있지요. 그럴 때는 자신의 기준에 맞춰 6개월, 1년, 3년 등의 생활비를 비상자금으로 준비하면 됩니다.

예를 들어 나의 한 달 생활비가 150만 원이고 대출 상환금이 20만 원이라면 한 달에 총 지출하는 금액은 170만 원입니다. 이 경우에 최소 비상자금은 170×3개월인 510만 원이 됩니다. 비상자금이 1년치는 있어야 할 것 같다면 170×12개월인 2,040만 원이 내게 필요한 비상자금이 됩니다.

이렇게 비상자금을 마련해두면 불안정한 미래 앞에서 갈대처럼 흔들리는 마음을 조금은 다잡을 수 있습니다.

둘째, 주거안정자금

비상자금으로 필요한 돈을 다 모았다면 다음 목표는 주거안정자금입니다. 모두에게 필요하면서도 가장 비싼 상품이 집입니다. 부모님과 함께 거주한다면 첫 보증금을 목표로, 이미 독립을 했다면 2년마다 돌아오는 재계약에 대비해 보증금 인상분을 준비합니다.

보증금은 집마다, 계약마다 다르기 때문에 얼마를 모아야 한다고 말할 수는 없습니다. 그러나 정확히 얼마가 필요할지 모르기 때문에 막연히 보증금을 모아야지라고 생각하면 돈이 영영 모이지 않습니다. 그렇기 때문에 자신의 상황에 맞게 2년 동안 2,000만 원, 1,000만 원 등으로 기준점을 잡아놓고 목표치를 달성하며 자산을 늘려나갑니다.

그렇게 저축을 하다가 결혼을 하게 되면 그동안 모은 주거안정자금을 결혼자금으로 사용해도 좋고, 결혼을 하지 않는다면 독립이나 보증금 인상을 위해 사용하면 됩니다.

셋째, 1년 내에 하고 싶은 일

이렇게 비상자금이나 주거안정자금을 마련하기 위해 노력하다보면 추가로 다른 목표들에 대해 생각할 여력이 없습니다. 이미 이 두 가지 목표를 준비하는 것만으로도 월급이 빠듯하기 때문이지요. 하지만 미래의 안정을 위해서만 저축을 한다면 돈을 모으는 재미는 떨어질 거예요. 좀 더 욕심을 부려 저축을 통해 1년 안에 하고 싶은 것, 사고 싶은 것을 계획해두면 추가 저축을 위한 좋은 동기부여가 될 수 있습니다.

우리가 돈이 없지 하고 싶은 게 없는 건 아니잖아요? 유럽 여행이나 대학원 진학처럼 거창한 목표일 필요는 없습니다. 내담자에 따라 국내에 있는 절 탐방, 와이너리 투어, 아이패드 구입 등 다양한 목표를 세우는데요. 이렇게 하고 싶은 것, 사고 싶은 것들을 미리 생각해두어야 돈이 모이고, 또 모인 돈을 정말 원하는 곳에 쓸 수 있습니다. 그러나 계속 하고 싶은 것들, 사고 싶은 것들을 참기만 하면 나중에는 돈이 생겼음에도 무엇을 하면 좋을지 잘 떠오르지 않습니다.

비상자금, 주거안정자금, 1년 내에 하고 싶은 일은 그 순서대로 저축의 우선순위입니다. '나는 1년에 2,000만 원을 모을 거야. 그러기 위해서는 한 달에 167만 원을 모아야 해'라고 계획한다 해도 내가 저축할 수 있는 여력이 100만 원뿐이라면 결국 현실적으로 내가 저축하는 금액은 100만 원입니다. 그렇기 때문에 저축 목표를 정하고 그에 따른 매달의 저축 필요 금액을 정하는 대신에 내가 저축하는 만큼 '나의 우선순위'가 대비된다고 보는 것도 방법입니다. '1년에 2000 플랜'을 목표로 할 때 실행 가능한 현실의 100만 원 저축은 실패한 것이지만, '저축의 우선순위'를 채운다고 생각하면 100만 원만큼 성공입니다. 그리고 그렇게 모으는 돈을 충동적으로 쓸 위험도 줄어들고요.

큰 저수지를 상상한 뒤 매달 저축을 할 때마다 그 저수지에 물이 찬다고 생각해보세요. 일정 수준이 되면 올해에 비상자금을 위한 물이 채워집니다. 그리고 다음으로 주거안정자금이, 마지막으로 1년 내에 하고 싶은 일을 위한 자금이 모아지고요.

예를 들어 올해에 비상자금으로 500만 원, 주거안정자금으로 1,000만 원, 1년 내에 하고 싶은 일로 아이패드 구입 100만 원이 목표라고 가정하겠습니다. 그러면 저수지의 총 용량은 1,600만 원이 되겠지요? 그런데 나에게 이미 1,000만 원이 있습니다. 그러면 이미 500만 원의 비상자금과 500만 원의 주거안정자금이 모인 거예요. 앞으로 저축하는 돈은 주거안정자금과 아이패드를 위해서 모이는 거고요.

아무리 많은 돈을 갖고 있다 하더라도 내가 필요한 돈이 얼마인지를 모른다면 우리는 불안해집니다. 반면에 그보다 적은 돈을 갖고 있어도 내가 얼마가 필요한지를 명확하게 안다면 문제는 훨씬 쉬워집니다. 따라서 저축을 하기로 결심했다면 가장 먼저 해야 할 일은 이 돈을 왜 모으는지, 그리고 그 목표를 위해 나는 어느 정도의 금액을 모을 것인지 기준점을 잡는 일입니다.

2단계 : 약은 약사에게, 저축은 적금에게

투자를 위한 변명

사회생활을 시작하자마자 각종 펀드와 연금 등에 대한 정보가 쏟아져 들어오고, 동료들은 재테크에 대해 이야기합니다. 이제 옛날과는 달라 예적금 이자로는 안 된다는 위기감, 하루빨리 목돈을 모으는 게 중요하므로 일찍 시작할수록 좋다는 이야기, 지금부터 미리미리 공부해야 한다는 이야기가 귀에 못이 박히도록 들려옵니다. 금융 상품의 종류 또한 다양해지고, 은행에서도 다양한 투자 상품을 판매하다보니 투자에 대한 접근성이 높아지기도 했습니다. 서점에는 《대한민국 2030 재테크 독하게 하라》, 《대학생 재테크》, 《대한민국 20대 재테크에 미쳐라》 등 20, 30대를 위한 재테크 관련 책이 이미 즐비합니다. 그럴싸한 금융 상품을 이야기하는 동료들을 보면 군더더기 없이 예적금에만 매달리는 자신이 미련스럽게 느껴지기도 합니다.

실제로 아무런 투자도 하지 않는 게 불안해서, 이래도 괜찮은 건지 싶어 상담을 시작하는 사람들도 있습니다. 하지만 저는 좀처럼 투자 상품을 권하지 않습니다. 투자는 무조건 나쁘다거나 이익이 없다는 뜻은 아닙니다. 돈은 곧 세상을 움직이는 힘이기에, 그 힘이 정체되어 있는 것보다는 적절한 곳에 투자되는 것도 중요하다고 생각합니다. 그럼에도 일반적인 20, 30대에게 투자를 권하지 않는 이유는 우리가 모아둔 돈은 몇 년 내로 쓰일 돈, 그렇기에 잃어서는 안 되는 돈이기 때문입니다.

금융 자산은 크게 네 가지로 분류할 수 있습니다. 첫 번째는 언제든지 쉽게 꺼내 쓰고 넣을 수 있는 현금성 자산입니다. 현금, 자유 입출금 통장, CMA/MMF 등입니다. 두 번째는 원금 보존성 자산입니다. 납입한 만큼 저축액이 보존되는 예금, 적금, 청약통장 등이 이에 포함됩니다. 세 번째는 원금 손실성 자산입니다. 납입한 액수보다 더 큰 수익을 올릴 수도 있지만 손실을 볼 수도 있는 펀드, 채권, 주식, 변액유니버셜, P2P, 금, 출자금 등의 투자 상품이 여기에 포함됩니다. 마지막으로 네 번째는 장기 목적성 자산입니다. 장기 목적성 자산은 노후 준비 등을 위해 장기적으로 갖고 있는 상품으로 저축성 보험, 소득공제형 연금, 비과세형 연금, 퇴직금 등이 있습니다.

예적금보다 수익률이 높은 펀드, 주식, P2P, 변액 보험 등은 그 수익률만큼 위험성을 포함합니다. 시중 이자율보다 더 높은 수익률을 기록할 수 있는 딱 그만큼 원금조차 보장받지 못할 가능성이 있습니다. 또한 수익률과 관계없이 운용 수수료를 지불해야 하므로 마이너스 수익률을 기록할 때조차 수수료를 지불해야 합니다. 상품을 잘 선택하면 괜찮지 않을까 싶지만, 나에게만 그 행운이 찾아오리란 법이 있을까요?

내 투자 자금이 꼭 필요하지 않은 돈, 손해를 좀 보더라도 인생에 큰 문제가 없는 돈이라면 리스크를 감수하고라도 수익성을 높여보려는 시도는 좋은 일이라고 생각합니다. 그러나 대부분의 경우 우리가 투자하려는 돈은 곧 몇 년 내로 사용해야 할 보증금, 결혼자금, 교육자금 등입니다. 20, 30대에게는 가까운 미래에 큰돈 나갈 일이 많습니다. 결혼이나 전세금 마련과 같은 것도 있고, 이직도 잦으니 비상시에 쓸 돈도 필요합니다. 따라서 수익률이 오르든 떨어지든 묵묵히 오랫동안 투자하기가 어렵습니다. 단기간에 사용할 계획이 없으면서 손해를 봐도 괜찮은 돈이 있다면 투자를 해도 괜찮지만, 과연 잃어도 괜찮은 돈이 있나요? 내 삶에 꼭 필요한 돈은 위험을 감수하면서 투자할 만한 돈이 아닙니다.

각종 연금을 포함하는 장기 목적성 자산 역시 같은 이유로 20, 30대에게 추천하지 않습니다. 장기 목적성 자산은 납입과 수령 기간이 길다는 점에서 투자 상품의 위험성을 줄일 수는 있습니다. 하지만 장기 상품이므로 당장 필요할 때 그 돈을 사용할 수 없습니다. 갖고 있는 돈은 노후자금으로 묶어두고 결혼을 할 때, 집을 구할 때는 또다시 빚을 져서 이자를 납부하는 아이러니가 발생합니다.

이 사회는 돈을 모으는 간단한 것마저 더 화려하고 복잡하게 만들어갑니다. 투자 상품들은 그 복잡성 때문에 무언가 대단한 것인 듯한 인상을 줍니다. 하지만 단지 어려운 용어들을 사용한다는 점이 돈을 모으는 데 더 효과적인 방법이란 뜻은 아닙니다. 오래된 격언 중에 알지 못하는 곳에 내 돈을 맡기지 말라는 말이 있지요? 언젠가는 일하지 않고 금융 소득만으로, 부동산 소득만으로 먹고사는 것이 모든 직장인의 꿈일지도 모릅니다. 하지만 평소에 투자 공부와 부동산 공부를 해두는 것과 실제로 내가 써야 할 돈을 대안 없이 맡기는 것은 다릅니다. 따라서 돈 관리를 시작하는 단계라면 섣불리 투자 상품에 관심을 갖기보다는 저축의 가장 기본에 충실한 예적금에 돈을 맡기길 권하고 싶습니다.

꼭 알지 못하는 곳에 투자하는 위험을 짊어지지 않아도, 내가 필요한 비용을 계산해보고 그 비용을 준비함으로써 우리가 필요로 하는 것들을 이뤄낼 수 있습니다. 남들이 겁주는 소리에 기죽지 말고 내가 할 수 있는 작은 것부터 해보는 일이 먼저입니다.

3단계 : 천 리 길도 한 걸음부터

작은 성공이 큰 성공을 부른다

재테크 관련 책들은 하나같이 돈을 모으려면 '저축을 먼저 하고 남는 돈으로 여유 있게 생활하라'라고 말합니다. 남는 돈이 적은데 어떻게 여유 있게 생활하라는 건지 이해가 가지 않지만, 그런 방법 외에는 저축을 할 수 있는 방법이 없다는 것도 맞습니다. 하지만 저축을 하고 남는 돈이 터무니없이 적어서는 안 됩니다. 일단 돈을 묶어놓으면 추가로 돈을 융통할 방법이 없었던 과거에는 적금을 들어놓으면 나머지 돈으로 절약해서 생활하는 게 가능했을지도 모릅니다.

하지만 현대 사회에서는 각종 금융 회사들이 앞다투어 돈을 빌려주겠다고, 그러니 먼저 돈을 쓰라고 권합니다. 결제를 미루면서도 돈을 쓸 수 있는 방법은 신용카드 할부와 리볼빙, 휴대폰 소액 결제, 현금 서비스까지 점점 더 다양해지고 있습니다. 쓰고자 하는 의지만 있다면 돈이 없어도 쓸 수 있는 방법이 많은 것이지요. 그렇기 때문에 굳은 의지로 적금을 들어놓고도 생활비가 많이 모자라면 우리는 남은 생활비에서 사는 방법을 찾는 대신 눈앞에 손쉽게 잡히는 신용카드를 쓰기가 쉽습니다. 그러다 신용카드 대금이 쌓여 감당하기가 어려워지면 어렵게 모았던 적금을 깰 수밖에 없고요. 이렇게 굳은 결심으로 저축에 도전했다가 실패하는 경험이 반복되면 남는 것은 '나는 역시 안 돼'라는 좌절감뿐입니다.

그러므로 처음 저축을 시작할 때는 무조건 많은 돈으로 적금을 들기보다는 적은 돈이라도 끝까지 저축을 함으로써 돈을 모았을 때의 성취감을 누려보라고 권합니다. 《수익 먼저 생각하라》의 저자인 마이크 미칼로위츠는 기업의 재무 건전성을 높여주는 기업 컨설턴트입니다. 그는 기업의 수익성을 높이기 위해 운영 비용을 분기별 1퍼센트씩 줄이고, 수익률을 분기별 1퍼센트씩 늘려보자고 제안하는데요. 차이를 느낄 수 없을 정도로 작은 변화부터 시작해야 무리 없이 계획을 지속할 수 있기 때문입니다.

이러한 전략은 개인의 저축에도 효과적입니다. 지금은 아무리 살펴봐도 저축할 돈이 없다면 수입의 1퍼센트부터 저축을 해보세요. 100만 원을 번다면 1만 원을, 200만 원을 번다면 2만 원부터 시작하는 거예요. 아무리 수입이 적고 나갈 돈이 많다고 하더라도 오직 수입의 1

퍼센트라면 지금까지 수입의 100퍼센트로 해오던 것을 수입의 99퍼센트로도 충분히 해낼 수 있습니다. 이미 저축을 하고 있지만 추가 저축이 필요하다면 현재 수입 대비 저축률을 계산해보고 거기에서 1퍼센트씩 늘려보세요. 200만 원 수입 중에 50만 원을 저축하고 있다면 저축률이 25퍼센트입니다. 그러면 저축률을 26퍼센트로 올려 52만 원을 저축하다가 그 상태가 익숙해지면 다시 1퍼센트씩 올립니다.

또한 현재 저축 가능한 금액을 쪼개서 적금을 들고, 만기 일시를 단기로 잡는 것도 성공률을 높이는 방법입니다. 50만 원을 저축할 수 있다면, 50만 원을 통째로 적금을 드는 게 아니라 20만 원 적금 하나와 30만 원 적금 하나로 나눠서 들어보세요. 50만 원으로 적금을 들고 있다면, 예기치 않게 돈이 필요할 경우 50만 원짜리 적금을 모두 해지해야 합니다. 반면, 20만 원과 30만 원 적금 두 가지를 가지고 있다면 둘 중 하나만 해지해서 해결할 수 있기에 적금을 유지할 확률을 높일 수 있습니다. 기간 역시 마찬가지입니다. 만기의 경험이 없다면 은행에서 가입 가능한 가장 짧은 기간으로 적금을 들어보세요. 3개월, 6개월부터 시작해서 그 적금이 만기되었을 때의 기쁨을 맛봅니다. 한 번 만기까지 적금을 유지해보면 설사 금액이 적더라도 만기의 뿌듯함을 느낄 수 있습니다. 그리고 한 번 그 뿌듯함을 느끼면 적은 금액일지라도 계속 저축을 하고 싶은 마음이 듭니다.

요즘에는 금융 소비자들의 저축 욕구를 높이기 위해 다양한 저축 상품들이 출시되고 있는데요. 모 은행에서는 1,000원부터 10,000원까지 적은 금액으로 시작해 매주 불입액을 늘려가는 26주 적금을 서비스하고 있습니다. 적은 금액으로 시작할 수 있다는 점에서 큰 장점이 있는 상품이지만, 저는 이런 상품을 추천하지는 않습니다. 적은 금액으로 시작하더라도 매주 금액이 증액되면 불입액이 빠른 기간 내에 올라가기 때문에 매달 입금해야 하는 금액을 감당하기 어렵기 때문입니다.

상담을 하다보면 한 개인이 쓰는 지출액에도 항상성이라는 게 있어, 따로 체크를 하지 않아도 매달 비슷한 금액을 지출하는 것을 확인하게 됩니다. 그렇기 때문에 매달 저축액이 급격하게 늘어나면 그 속도로 지출액을 줄이기는 어렵습니다. 또한 매주 금액이 납입되니 한 달 저축액이 얼마인지 매번 헷갈린다는 단점도 있고요. 이 정도는 저축하고 싶다는 마음에 무리해서 적금을 넣거나 새로운 아이디어 적금, 이율이 높다는 적금만 찾아다니다보면 결국 3개월이 채 되지 않아 해지하게 되는 경우를 종종 목격합니다.

작은 성공부터 이뤄내는 아이디어는 절치부심해서 큰 성공을 이뤄낸다는 이야기만큼 섹시하지는 않습니다. 하지만 낮은 기준일지라도 일단 시작을 하고 끝까지 유지해낸 경험은 가랑비에 옷 젖듯이 조금씩 나를 저축과 친해지게 할 것입니다.

4단계 : 저축은 좌우의 날개로 난다

저축의 균형을 확인한다

호진 씨와 명선 씨는 어떻게 저축을 하는가를 놓고 논쟁하고 있습니다. 호진 씨는 월급을 받자마자 50만 원을 적금에 넣어놓고 나머지 금액으로 생활합니다. 명선 씨는 월급통장으로 먼저 생활을 하고 남는 돈을 저축합니다. 명선 씨의 남는 돈도 호진 씨와 크게 다르지 않아 통장에는 50만 원 정도가 매달 쌓입니다.

호진 씨는 먼저 쓰고 저축을 하는 명선 씨가 이해되지 않습니다. 명선 씨 역시 먼저 저축을 하는 호진 씨가 이해되지 않습니다. 이 둘의 차이는 어디서 비롯되는 걸까요? 바로 호진 씨와 명선 씨가 생각하는 저축의 개념이 다르기 때문입니다.

호진 씨가 저축을 하는 이유는 자산을 쌓음으로써 미래의 불안을 줄이기 위해서입니다. 인생이 어떻게 흘러갈지 모르니 돈이라도 마련해두자는 것이지요. 반면, 명선 씨가 저축을 하는 이유는 모아서 쓰기 위해서입니다. 결국 돈을 모으는 이유가 나중에 쓰고 싶은 곳에 쓰기 위해서이므로 굳이 저축을 먼저 하고 나머지 금액으로 생활해야 할 필요를 느끼지 못하는 것이지요.

실제로 명선 씨는 돈이 어느 정도 모이면 사고 싶었던 가방을 사거나 여행을 갑니다. 반면, 호진 씨는 그 돈을 털끝 하나 건드리지 않습니다. 호진 씨에게 그 돈은 갖고만 있어도 든든한 방패이기 때문입니다. 결국 둘 다 똑같이 50만 원을 저축하지만 그들의 저축을 같다고 볼 수는 없습니다. 저는 호진 씨의 저축을 자산성 저축, 명선 씨의 저축을 소비성 저축이라 부릅니다.

상담을 통해 현금의 흐름을 조사해보면 지출이 적음에도 모아놓은 자산이 없는 경우가 있습니다. 이럴 경우 명선 씨와 같은 저축을 하고 있었을 가능성이 높습니다. 3개월 내로 100만 원 이상 지출한 적이 있는지를 물어보면 몇 달에 한 번씩 헬스 PT를 끊거나 고가의 패딩을 사는 등의 소비 습관이 나오거든요. 매달 조금씩 돈을 쓰는 대신 모아서 한 번에 돈을 쓰는 스타일인 것이지요.

하지만 명선 씨와 같은 경우라면 매달 50만 원을 추가로 쓰거나 저축을 해서 1년마다 600만 원을 한 번에 쓰거나 큰 차이가 없습니다. 둘 다 소비를 했을 뿐이니까요. 반대로 자산성 저축을 하는 호진 씨에게는 매년 꾸준히 돈이 쌓입니다. 그 돈을 자산 가치가 떨어지지 않는 부동산 보증금으로 사용하거나 계속 가지고 있습니다. 돈이 있으니 스페인 여행을 갈까, 부모님에게 조금 드릴까 등의 유혹이 생기지만 강철 같은 의지로 욕구를 꾹꾹 눌러 참습니다.

그럼 어떤 쪽이 맞을까요? 돈은 쓰기 위한 것이니 소비성 저축을 해야 할까요? 아니면 뭐라도 남는 게 있어야 하니 자산성 저축이 정답일까요? 정해진 답은 없습니다. 소비성 저축과 자산성 저축 모두 필요합니다. 돈 모으는 데 관심이 없다고 해서 소비성 저축만 하고, 그 돈을 모두 소진해버리면 보증금같이 큰 자산이 필요한 경우나 노후가 되어 더 이상 현금 창출이 어려워질 때 불안해집니다. 반대로 자산성 저축만 하고 돈을 쓸 줄 모른다면 어느 순간 돈을 모으는 의미를 잃게 됩니다. 항상 저축은 미래를 위한 희생처럼 느껴지고, 모은 돈을 적절히 써서 성장해나가는 친구들이 부럽습니다. 때문에 어느 한쪽을 고집하기보다는 자산성 저축과 소비성 저축의 균형을 맞추는 것이 필요합니다.

그렇다면 소비성 저축과 자산성 저축의 균형은 어떻게 맞추어야 할까요? 지금까지 저축한 돈을 어떻게 사용해왔는지 생각해보세요. 그리고 내 초점이 어느 한쪽으로 쏠려 있지 않았는지 돌아봅니다. 돈을 모으는 족족 썼다면 1단계로 돌아가 미래의 주거안정자금을 고려해봅니다. 한 푼이라도 더 모으는 것에만 신경을 썼다면 1단계로 돌아가 1년 내로 하고 싶은 일을 구상해봅니다.

저축을 하고 있다고 해서 다 괜찮은 것은 아닙니다. 여러분이 지금 하고 있는 것은 소비성 저축인가요, 아니면 자산성 저축인가요? 두 가지 저축의 필요성을 모두 인정하고 어느 한쪽을 외면하지 않았는지 살펴보세요.

5단계 : 한 치 앞을 모른다, 그래서 보험

큰 질병에도 대비한다

우리가 살면서 가장 서러울 때는 누가 뭐래도 아플 때가 아닐까요? 웬만큼 정신력 강한 사람도 몸이 아플 땐 약해지기 마련입니다. 저는 얼마 전 몸이 좋지 않아 병원을 자주 찾았는데요. 날카로운 장비로 몸을 찔러대는 것도 힘들었지만, 검진을 받을 때마다 청구되는 적지 않은 병원비도 걱정이 되었습니다. 몸 걱정하기도 바쁜데 돈까지 걱정해야 하다니, 이럴 때 인간은 참 작아집니다.

사실 의료비는 우리를 불안하게 만드는 모든 요소를 가지고 있습니다. 일단 아픈 이상 치료를 안 할 수는 없으니 선택할 수 없는 비용이고, 건강관리를 아무리 잘해도 아플 수 있다는 점에서 막을 수 없기도 합니다. 또 그 금액은 어떤가요? 아무리 준비를 해도 버거운 병원비와 생활비는 충분히 겁낼 만한 요소입니다.

그래서일까요. 사회 초년생이 되고 가장 먼저 하는 일이 보험을 드는 것입니다. 그러나 암이나 뇌졸중 같은 질병의 목록을 보고 있자면 머리가 아파집니다. 치과 치료나 한의원 치료를 위한 보험도 있으면 좋을 것 같습니다. 그런데 보험을 몇 개나 들어야 할지도 모르겠고, 또 변액이니 무배당이니 엄두가 나지 않습니다. 결국 아는 보험설계사를 따라 보험을 들게 됩니다. 그 후 보험증권은 방 한구석에 내팽개쳐지고요.

그런데 그렇게 넘어가기에는 보험이 상당히 비싼 상품이라는 거 아셨나요? 한 달에 단돈 5만 원이라도 30년을 납부하면 1,800만 원, 40년을 납부하면 2,400만 원이 됩니다. 보험 하나에 가입하는 것이 차 한 대를 구입하는 것과 비슷한 결정인 셈입니다. 단순히 뭐가 뭔지 잘 모르겠다는 이유로, 월 보험료가 많지 않다는 이유로 덜컥 가입하고 유지해야 하는 상품이 아닌 것이지요. 그렇다면 어떻게 합리적인 비용으로 현명하게 질병에 대비할 수 있을까요?

첫째, 보험 가격 확인하기

먼저 보험의 가격을 제대로 확인해야 합니다. 보험은 일정한 돈을 지불함으로써 미래에 닥칠 수 있는 위험을 줄여주는 상품입니다. 물건을 살 때는 가격을 먼저 확인하는 게 기본이잖아요? 보험도 마찬가지입니다. 가격을 제대로 알아야 그 가격 대비로 보장이 적절한지 알 수 있습니다. 진짜 보험료는 월 5만 원, 월 10만 원이 아닌 '월 보험료×납부 개월 수'입니다. 예를 들어 월 20,000원씩 20년을 납부하는 보험이라면 보험의 가격은 20,000(원)×12(개월)×20(년)=4,800,000원이겠지요? 500만 원짜리 물건을 친구나 친척이 부탁한다고 해서 덜컥 사줄 건가요? 좀 더 생각해볼 문제입니다.

둘째, 주요 질병 위주로 보장 확인하기

보험 상품의 가격을 확인했다면 그 가격에 어떤 서비스, 대가를 제공하는지를 파악해야 합니다. 지불한 보험료의 대가가 바로 질병에 대한 보장 내역인데요. 사실 보험의 모든 보장을 파악하는 것은 불가능합니다. 한 번이라도 보험에 가입해보았다면 읽기도 어려운 질병들이 끝없이 나열된 것을 보았을 거예요. 비전문가가 그 모든 질병을 이해하고 파악하기란 쉽지 않습니다.

때문에 보장 내역을 효과적으로 파악하기 위해서는 애초에 보험이 필요한 이유에 집중해야 합니다. 보험은 살면서 발생할 가능성은 적지만 비용이 많이 들어가는 위험을 대비해서 생겨났습니다. 인생에서 발생할 수 있는 경제적 위험은 네 가지로 분류할 수 있습니다. 첫 번째는 발생 확률이 낮으며 그 손실 규모도 작은 위험입니다. 잘 발생하지도 않고, 설사 발생한다고 해도 대처하기가 쉽기에 별다른 조치를 취할 필요가 없습니다. 두 번째는 발생 확률이 높지만 피해 규모가 작은 위험입니다. 감기나 몸살 같은 질병이 여기에 속하는데요. 두 번째 위험 역시 자주 발생한다 해도 손실 규모가 작아 문제가 되지 않습니다.

반면, 발생 가능성은 낮지만 손실 규모가 큰 사건들이 있습니다. 전통적으로 보험 상품으로 준비하는 영역인데요. 가장이 일찍 사망한다거나 장애가 생기는 등이 여기에 포함됩니다. 이런 경우 발생할 가능성은 낮지만 혹시 발생할 경우 손실의 규모가 크므로 보험 가입을 통해서 경제적 손실을 보험회사로 이전시키는 것입니다.

마지막으로 발생 가능성이 높고 손실 규모도 큰 위험이 있습니다. 위험이라고 표현하기엔 적절하지 않지만 결혼은 큰돈이 들어가는 경제적 위험이라고 할 수 있습니다. 이런 일은 발생 가능성도 높고, 발생할 경우 손실 규모도 크기 때문에 저축을 하는 등의 조치를 취해 위험을 계획적으로 대비합니다. 그런데 발생 가능성이 높고 손실 규모도 큰 위험도 보험으로 대비하면 좋지 않을까요? 물론 이런 위험 역시 보험회사로 위험을 이전할 수 있다면 좋겠지만 이런 경우는 보험회사에서 취급하지 않거나 가입에 제한을 둡니다. 보험에 가입할 때 위험성이 있는 일을 하는지, 과거 질병 이력이 있는지 등을 확인하는 이유가 가능성이 높고 손실 규모가 큰 위험을 피하기 위해서입니다.

결과적으로 암은 걸릴 수도 있고 걸리지 않을 수도 있습니다. 그러나 걸리면 돈이 많이 들기에 보험으로 대비합니다. 그에 비해 감기나 단순 골절 등은 발생하더라도 그 비용이 크게 부담스럽지 않습니다. 꼭 보험금을 받지 않아도 생활을 유지할 수 있습니다. 그렇기 때문에 보험으로 모든 질병을 챙기려 하면 머리가 아플뿐더러 보험료가 올라갑니다. 내가 가진 보험이 어떤 보험인지 파악하기도 어렵고, 그래서 필요한 순간에 제대로 사용하기도 어렵습니다. 애초에 보험의 목적이었던 발생 가능성이 낮고, 손실 규모가 큰 질병에 초점을 맞추면 보험료를 낮추면서도 미래의 위험을 줄일 수 있습니다.

보험의 보장을 파악할 때 집중해서 보아야 할 중요 부분은 다음과 같습니다.

사망	질병으로 인해 사망한 질병사망과 상해로 인해 사망한 상해사망 시 보험금
후유장해	질병이나 상해 등으로 신체의 기능에 장해가 남고, 일을 할 수 없는 상태의 보험금
암	암 진단비, 암 수술비, 암 입원비
2대 진단비	뇌졸중/뇌출혈, 급성심근경색 진단 시 보험금
실손 의료비	병원이나 약국에서 실제로 부담한 의료비를 보장해주는지 여부

이렇게 항목별 보장 금액을 확인하며 사망 보험금이 높은 보험은 사망보험, 암 보험금이 높은 보험은 암 보험으로 분류할 수 있습니다. 일반적인 경우에는 실제 부담한 의료비를 보장해주는 실손 보험을 기

본으로 가입하여 치료비, 수술비를 대비합니다. 그리고 이에 더해 개인의 상황과 욕구에 따라 보장을 추가하거나 추가 보험을 들어 위험을 대비합니다.

셋째, 순수보장형 보험과 저축으로 의료비 준비하기

보장성 보험은 만기 시 보험료를 환급해주는 만기환급형과 그렇지 않은 순수보장형으로 나눌 수 있습니다. 보험료를 냈음에도 아프지 않아 받을 수 있는 게 없다면 좀 억울하잖아요. 그래서 내가 냈던 보험료의 일부나 전부를 만기 시 환급해주는 보험이 만기환급형 보험입니다. 반면에 환급금 없이 보장 혜택만 받을 수 있는 보험이 순수보장형 보험이고요. 만기환급형과 순수보장형 보험은 각각 장단점이 있습니다. 만기환급형은 만기 시 환급금을 받을 수 있는 대신 순수보장형 보험보다 보험료가 높습니다. 반면에 순수보장형 보험은 만기 환급금이 없는 대신 보험료가 낮고요.

무엇을 택할지는 개인의 선택이지만 저는 저렴한 순수보장형을 택하고 남는 돈으로 의료비 저축을 들어놓으라고 권합니다. 아무리 좋은 보험을 들어놓았다고 하더라도 내가 걸린 병이 그 보장 내역에 없다면 소용이 없잖아요. 그렇기 때문에 일부는 보험을 들어 대비를 하되, 혹시 보험에서 보장되지 않는 질병에 걸려도 무리 없도록 의료비 저축을 들어놓는 것이지요.

보험은 이야기하기가 조심스러운 부분입니다. 개개인마다 필요한 부분이 다르고, 그 누구도 미래의 일은 모르니까요. 당장 전문가의 말을 듣고 보험을 해지했는데 다음 달 큰병에 덜컥 걸릴 수도 있으니 쉽게 접근할 수 있는 문제는 아닙니다. 그러나 분명한 점은 보험 역시 하나의 금융 '상품'이며 그 상품을 적절히 이용하는 것이 중요하다는 것입니다. 완벽한 보험을 찾기보다는 중요한 보장을 포함하면서 꾸준히 보험을 유지할 수 있을 만큼 보험료가 적절한지 확인해보세요. 무엇보다 아프지 않도록 미리 건강관리를 하는 게 가장 중요합니다.

6단계 : 국가의 도움을 받는다

공공정책의 활용

학교 다닐 때만 해도 세금이 오르는지 내리는지에 관심이 없던 사람도 직장인이 되어 월급날 꼬박꼬박 떼이는 세금을 보고 있자면 억울한 마음이 올라옵니다. '지금까지 국가가 내게 해준 게 무엇이냐'고 따지고 싶고, 엉뚱한 곳에 세금이 수십 조 쓰이는 걸 보면 가슴이 답답해집니다.

사실 세금을 내는 것 자체에는 문제가 없습니다. 다 같이 돈을 모아서 필요한 곳에 쓰자는 거니까요. 그러나 내는 건 눈에 명확히 보이는데 그 대가로 받는 것이 없다고 느껴질 때 문제가 됩니다. 특히 기존의 공공기관들은 청년을 정책의 수혜자라기보다는 한창 일을 해서 도움을 주어야 할 근로자로 여겼기에 막 사회생활을 시작한 20, 30대가 혜택을 받을 수 있는 부분이 적었습니다.

하지만 비록 작은 변화일지라도 조금씩 청년들을 위한 정책이 만들어지고 개선되고 있습니다. 대학생, 30세 미만 등 지극히 한정된 대상을 위주로 사업을 진행하던 정책들이 청년의 범위를 점점 넓히고 있습니다. 또한 교육이나 상담 등 서비스 위주로 제공되던 혜택도 주거 제공이나 자산 형성 등 직접적으로 도움이 될 만한 방식으로 확대되고 있고요.

그렇기 때문에 미래를 준비하고자 마음먹었다면 이제 이용할 만한 국가 정책들에는 어떤 것이 있는지 알아볼 필요가 있습니다. 다음은 대학생과 사회 초년생이 눈여겨볼 만한 공공정책 세 가지입니다.

첫째, 청년과 신혼부부를 위한 행복주택

행복주택은 대학생, 청년, 신혼부부 등을 위해 직장이나 학교와 가까운 곳이나 대중교통 이용이 편리한 곳에 짓는 공공임대주택입니다. 주거비 부담을 줄이기 위해 주변 시세의 60~80퍼센트로 저렴하게 공급할 뿐만 아니라 한 번 입주하면 최대 6~10년까지 거주할 수 있기 때문에 이사의 부담도 줄일 수 있습니다. 2019년 기준으로 수도권부터 충청도, 경상도, 전라도, 제주도까지 110곳에 26,229호의 행복주택을 공급할 예정이라고 합니다.

공공임대주택이라고 하면 '시설이 안 좋지 않을까?', '내가 대상이 될까?' 여러 가지 염려가 되는데요. 신축 아파트일뿐더러 청년과 신혼부부를 고려하여 만들어졌기 때문에 주거 환경이 나쁘지 않습니다. 또한 입주 자격 역시 생각보다 까다롭지 않아 만 19세 이상에서 39세 이하의 무주택자는 소득과 자산 기준만 맞으면 입주 신청을 할 수 있습니다.

관련 웹사이트

- 행복주택 공식 블로그 https://blog.naver.com/happyhouse2u
- 마이홈포털 〉 주거복지 서비스 〉 주거복지 안내 〉 임대주택 〉 행복주택 https://www.myhome.go.kr

둘째, 중소기업 종사자를 위한 청년내일채움공제

청년내일채움공제는 중소기업에 정규직으로 취업한 청년들이 장기 근속할 수 있도록 고용노동부와 중소벤처기업부가 공동으로 운영하는 사업입니다. 청년내일채움공제에 가입하여 저축을 하면 내가 저축한 금액과 별개로 기업과 정부에서도 추가 저축을 해줍니다. 청년내일채움공제는 2년형과 3년형이 있는데요. 2년형은 청년이 2년간 300만 원을 저축하면 정부가 900만 원, 기업이 400만 원을 공동 적립해서 만기 시 1,600만 원의 목돈을 마련할 수 있습니다. 3년형은 청년이 3년간

600만 원을 저축하면 정부가 1,800만 원, 기업이 600만 원을 공동 적립해서 만기 시 3,000만 원의 목돈을 마련할 수 있고요.

청년내일채움공제는 취업일 전후 3개월 이내에 신청을 해야 하는데요. 내가 만약 신입사원이 아니라면 재직자를 위한 내일채움공제(5년 이상 재직), 청년재직자 내일채움공제(6개월 이상 재직)라는 상품이 따로 있으니 참고하세요.

관련 웹사이트

- 워크넷〉청년〉청년내일채움공제
  https://www.work.go.kr/youngtomorrow
- 내일채움공제 웹사이트
  https://www.sbcplan.or.kr

셋째, 서울시 희망두배 청년통장 / 경기도 일하는 청년통장

청년내일채움공제가 중소기업에 근무하는 청년의 자산 형성을 돕기 위한 정책이라면 서울시 희망두배 청년통장과 경기도 일하는 청년통장은 각각 지역 청년들의 자산 형성을 위한 정책입니다. 서울시 희망두배 청년통장은 2~3년 동안 매월 10만 원 혹은 15만 원을 저축하면 서울시에서 같은 금액을 적립해주는데요. 2년 동안 희망두배 청년통장으로 10만 원씩 저축을 하면 2년 후에는 내가 저축한 240만 원에 서울시 적립금 240만 원과 이자를 받을 수 있습니다. 경기도 일하는 청년통장 역시 매달 청년이 10만 원씩 3년을 저축하면 경기도 예산으로 보충하여 약 1,000만 원의 자산을 만들어주는 정책입니다. 다만, 두 가지 모두 혜택이 좋은 만큼 신청 자격과 절차가 까다롭다는 단점이 있습니다.

관련 웹사이트

- 서울시 희망두배 청년통장
  www.welfare.seoul.kr/youth
- 경기도 일하는 청년통장
  https://account.jobaba.net

이와 같은 공공정책의 자격과 절차를 처음 접하면 복잡한 용어와 내용에 혀를 내두르게 되는데요. 당장은 전부 이해되지 않더라도 시간을 두고 천천히 살펴보길 바랍니다. 꼭 지금 이용할 수 있는 정책이 아니더라도 다양한 공공정책에 관심을 갖다보면 나를 위한 정책들이 더 많이 보이고 생길 것입니다.

7단계 : 한 달에 한 번은 순자산을 생각해줘

매달 순자산을 기록한다

"올해의 목표는 하늘을 많이 쳐다보며 사는 거야."

친구의 이 말을 듣고 저는 참 좋은 목표라고 생각했습니다. 봄, 여름, 가을, 겨울의 하늘은 그 각각 무척이나 아름답습니다. 끝없이 펼쳐지는 푸른 하늘은 단지 보기만 해도 마음을 시원하게 해주는데요. 그럴 때면 앞으로 좀 더 자주 하늘을 쳐다봐야겠다고 마음먹지만, 바쁜 일상을 살다보면 고개 한 번 드는 게 쉽지 않습니다. 하지만 내가 보든 그렇지 않든 하늘은 우리 머리 위에 변함없이 존재합니다. 결국 일상을 풍요롭게 만드는 방법은 여기저기 흩어져 있는 기쁨을 살뜰하게 챙기는 거라고 생각합니다.

저축의 즐거움 역시 마찬가지입니다. 돈을 잘 모으는 가장 좋은 방법은 돈을 쓸 때보다 아낄 때 더 즐거움을 느끼는 것입니다. 문제는 돈 쓰는 즐거움은 너무 잘 느껴지는 반면, 돈 모으는 즐거움은 의식하지 않으면 느껴지지 않는다는 것이지요. 하지만 늘 존재하는 하늘처럼 돈을 모으는 즐거움 역시 내가 인식하지 못한다고 해서 애초에 존재하지 않는 것은 아닙니다.

그렇기 때문에 우리는 일부러라도 돈을 모으는 재미를 살뜰하게 챙겨야 합니다. 매달 하루를 정해 그 달의 순자산을 기록해보세요. 매달 말 가계부를 정리하는 날 통장의 잔액과 대출 잔액을 기록하여 순자산(통장 잔액-부채 잔액)을 확인해보세요. 매달 꾸준히 저축하고 있다면 잔액을 확인할 때마다 순자산이 증가하는 게 확실히 보여 저축하는 즐거움을 높일 수 있습니다.

특히 대출이 있는 경우에 이 방법은 더 효과적입니다. 대출 상환은 분명 내 경제 상황을 개선시키는 일임에도 통장에 쌓이는 저축보다는 만족감이 덜합니다. 지금 희생을 해서 의미 있는 무언가가 쌓인다는 느낌보다는 그저 돈이 없어진다는 느낌을 받을 수 있거든요. 이러한 허탈함 때문에 대출을 갚을 만한 돈이 생겼어도 대출 상환을 망설이게 되는 경우도 많습니다. 하지만 매달 순자산을 기록하다보면 대출을 갚는 효과가 분명히 눈에 보입니다. 단순히 통장에 있는 자산만을 내 자산으로 여기지 않고 대출까지 고려한 순자산을 기준으로 잡기 때문입니다.

결과적으로 순자산을 기록하는 습관은 경제적 상황이 개선될 때는 추진력을, 반대로 상황이 어려울 때는 위기감을 갖도록 도와줍니다. 다음은 순자산 기록 예시입니다.

순자산 기록 예시

	3/31	4/30	5/31
○○은행 잔고	5,194,378	5,394,378	5,594,378
△△은행 잔고	1,000,000	1,200,000	1,400,000
학자금 대출 잔액	5,000,000	4,700,000	4,400,000
순자산(통장 잔액-부채 잔액)	1,194,378	1,894,378	2,594,378

이번 장에서는 오늘의 나뿐만 아니라 내일의 나 역시 행복하려면 어떤 준비가 필요한지를 살펴보았습니다. 사실 학창 시절에 부모님이나 선생님에게 공부하라는 잔소리를 들으면 더 공부하기가 싫잖아요. 저축 역시 해야 한다고 잔소리를 들으면 그렇게 할 수 없는 이유만이 떠오릅니다. 따라서 남들이 다 하니까, 다들 중요하다고 하니까 저축을 하기보다는 앞에서 제시한 일곱 가지 단계 중 마음에 드는 것을 골라 가볍게 시도해보세요.

이렇게 돈을 쓰고, 모으고, 기록을 하다보면 어느새 돈과 무척이나 가까워진 나를 발견하게 될 것입니다. 그러다보면 가계부가 보여주는 건 단순히 플러스, 마이너스의 숫자가 아니라 그 너머의 나라는 생각이 들게 되지요. 다음 장에서는 돈 관리를 통해 알게 되는 솔직한 내 마음에 대해 살펴보도록 하겠습니다.

PART 7

돈이라는 거울에 나를 비춰봐!

MY FIRST MONEY DIARY

"

지속적으로 가계부를 들여다보는 일은
즐겁게 돈은 쓰고 그 결과는 받아들이기 싫어하는
나의 맨얼굴을 끊임없이 마주하는 일이기도 합니다.

"

짜장, 짬뽕 고르기도 어려운데

다 갖고 싶은 나도 괜찮아

'짬뽕을 먹을까, 짜장면을 먹을까?'

여러분은 중국 음식을 좋아하시나요? 오늘의 점심은 중국 음식으로 결정했다면 중국집에 가는 길에서부터 메뉴를 고민합니다. 그동안 수십 번 짬뽕과 짜장면을 먹어왔는데도 여전히 둘 중 어떤 것을 고를지가 어렵습니다. 중국집 식탁에 앉아서까지 고민을 하다가 결국 짬뽕을 시키면 백이면 백 "아, 짜장면이었어" 하고 후회를 하고 말지요. 그러고는 부러운 눈으로 짜장면을 시킨 가족이나 친구를 바라봅니다. 그렇다면 짜장면을 시켰다면 달랐을까요? 그때 역시 얼큰한 짬뽕 국물을 아쉬워하며 짜장면을 선택한 것을 후회할 것입니다.

사실 짬뽕과 짜장면 사이에서 심각하게 고민하는 이유는 짬뽕도, 짜장면도 비슷하게 좋아하기 때문입니다. 두 가지 선택지 사이에서 고민하고 있다면, 그 두 가지 선택지가 비슷한 정도의 이익과 비용을 가진다는 말이니까요. 그렇기에 결국 무언가를 선택한다는 것은 동시에 선택하지 않은 다른 것을 포기한다는 말입니다. 그리고 그 포기한 선택지 역시 고민이 될 만큼 매력적이었기에 선택은 항상 아쉬움을 동반합니다.

짬뽕과 짜장면이라는 두 가지 선택지 가운데 고르는 것도 어려운데, 하물며 돈으로 할 수 있는 수많은 선택지 가운데 하나를 택하는 소비는 어떨까요? 소비란 무엇이든 구매할 수 있는 가능성을 가진 돈을 포기하고 그중 단 한 가지 물건이나 서비스를 선택하는 것입니다. 그렇기에 무언가를 구입하기로 결정하는 일은 다른 무언가를 포기하겠다는 결정이기도 한 것이지요. 이렇게 한 가지를 얻는 것이 남은 하나를 포기하는 것과 세트임에도 매번 그 결과를 받아들이는 일은 어렵게 느껴집니다. 이것도 샀지만 저것도 갖고 싶고, 여기도 갔지만 저기도 가고 싶습니다. 돈은 벌고 싶지만 일하기는 싫고, 돈은 쓰고 싶지만 돈이 없는 건 싫습니다. 하지만 현실에서 선택만 하고 그 결과를 피하기는 불가능하기에 우리는 그토록 돈을 미워하는지도 모르겠습니다.

그런데 가계부를 쓰다보면 나의 선택과 결과가 너무도 적나라하게 드러나서 무작정 돈을 미워하기가 어렵습니다. 포기해야 할 부분에 대해 불평하고 싶은데, 자꾸 내가 내렸던 선택이 보입니다. '왜 이렇게 돈이 없는 거야?'라고 불평하다가도 가계부를 보면 넉넉하게 먹고 마셨던 과거의 내가 보여 할 말이 없습니다. 값나가는 것을 산 것도 아닌데 저축도 못하고 억울하다고 생각하다가도 작은 소비들은 숨 쉬듯 했다는 걸 보면 멋쩍어집니다. 때문에 지속적으로 가계부를 들여다보는 일은 즐겁게 돈은 쓰고 그 결과는 받아들이기 싫어하는 나의 맨얼굴을 끊임없이 마주하는 일이기도 합니다.

그러나 내가 내린 선택과 결과를 외면할 수 없다는 사실이 꼭 나쁜 것만은 아닙니다. 가계부는 선택과 그 결과를 명확하게 보여줌으로써 내 선택에 책임을 지게 합니다. 그리고 자신의 선택에 책임을 지는 사람만이 다음번엔 더 나은 선택을 할 수 있다는 걸 알게 됩니다.

어쩌면 선택의 결과를 받아들이기가 그토록 어려운 이유는 내가 포기한 것은 너무나 잘 보이는 반면 다른 사람들이 포기한 것은 잘 보이지 않기 때문인지도 모릅니다.

나는 꾸밈비에 적게 투자하는 대신 생활비에 많은 돈을 씁니다. 내 친구는 생활비에 적게 쓰는 대신 꾸밈비에 많은 금액을 투자합니다. 하지만 나에게는 내가 포기한 꾸밈비만 보일 뿐 친구가 포기한 생활비에 대해 알지 못합니다. 그저 매일 새로운 옷을 입고 나타나는 친구가 부러울 뿐입니다. 친구 역시 내가 포기한 꾸밈비에 대해 알지 못합니다. 그저 어떻게 저 친구는 매일 맛있는 것만 먹는지 이해할 수 없을 따름입니다. 이렇게 우리는 타인의 즐거움만을 볼 수 있을 뿐, 그가 견디고 있는 고통은 볼 수 없습니다. 그 역시 나처럼 선택할 수 없어 아쉬운 부분들을 견디는 중임을 안다면 우리는 끝없이 서로를 부러워하는 마음의 속도를 늦출 수 있을지도 모르겠습니다.

손바닥만한 치즈케이크가 꼭 필요한 순간

자꾸 눈치를 보는 나도 괜찮아

학창 시절만 해도 저는 성실한 '모범생'이었습니다. 수업도 열심히 듣고, 선생님에게 적극적으로 질문도 했습니다. 공부를 하는 게 싫을 때도 많았지만, 좋은 성적이 주는 안정감은 그보다 컸습니다. 만족스러운 성적표를 받은 날이면 집으로 돌아가는 길 역시 즐거웠어요. 동그라미가 잔뜩 그려진 시험지는 저를 누구보다 당당하게 했고, 부모님이 좋아하시는 모습이 기쁘기도 했습니다.

그래서였을까요. 이제는 성인이 되었고 누구도 나를 채점하지 않는데도 여전히 인생의 시험을 치르는 기분입니다. 이건 잘했으니 동그라미, 이건 못했으니 엑스라고 빨간 줄을 그어가면서요. 가계부를 쓸 때도 마찬가지입니다. 쓸모 있어 보이는 소비, 남들이 인정해줄 것 같은 항목에는 선뜻 돈을 쓰면서도 그렇지 않은 곳에 돈을 쓸 때면 호되게 자신을 질책했습니다. 간식이나 책 같은 품목엔 금액도 확인하지 않고 돈을 쓰다가도, 갖고 싶은 머리띠를 사는 데는 지나치게 주저했습니다. 얼마 되지 않은 금액인데도 그걸 꾹꾹 참으며 박탈감을 느낀 것입니다. 일이 고된 날엔 호탕하게 원피스를 질렀지만, 며칠 안 가서 미쳤다며 자책했습니다. 저는 돈을 쓰는 일에서 역시 '모범생'이 되고 싶었던 걸까요?

상담을 하면서 저와 비슷한 내담자들을 많이 만납니다. 관대한 비용과 인색한 비용은 사람마다 다르지만 패턴은 비슷합니다. 친구나 가족과 함께하는 식사 비용은 아낌없이 먼저 내지만 오래된 안경은 몇 년째 바꾸지 못합니다. 강의에는 수십만 원을 아무렇지 않게 결제하지만 식사를 하는 비용은 아까워서 편의점에서 대충 해결합니다.

어쩌면 우리는 합리적으로 소비해야 한다는 강박에 갇혀 있는지도 모르겠습니다. 남들이 보기에도 괜찮은 곳에 돈을 써야 잘 쓰는 거라고 생각하고, 나도 모르게 남들의 눈치를 보고 있는 건 아닐까요? 그렇게 착한 소비와 나쁜 소비를 나누고, 나쁜 소비에 대해서는 스스로를 비난하는 것이지요. 물론 자신이 중요하게 생각하는 것에는 돈을 넉넉히 쓰고 그렇지 않은 것에는 돈을 아끼는 거라면 문제는 없습니다. 하지만 계획하지 않은 소비에 대한 아쉬움이 스스로에 대한 비난으로까지 이어진다면 문제가 아닌가요? 제가 꾸밈비보다 생활비에 돈을 더 많이 쓰는 이유는 생활비가 더 중요해서지 꾸밈비에 돈을 쓰면 '안 되어서'가 아닙니다.

책을 사든 음식을 사 먹든 결국 내 돈은 내 행복을 위해 씁니다. 그리고 내 행복을 위한 지출이 꼭 합리적이고 올발라야 할 이유는 없습니다. 사람이 어떻게 꼭 필요한 것, 합리적인 것에만 돈을 쓰면서 살까요. 때로는 손바닥만한 치즈케이크가 꼭 필요한 순간도 있습니다. 사회에서 좋은 인간이 되는 것도 벅찬데 소비까지 좋게, 바람직하게 하려면 참으로 피곤합니다.

눈치 보는 소비의 또 다른 문제점은 합리적인 소비라면, 남들도 다 하는 소비라면 무조건 괜찮다고 착각할 수 있다는 점입니다. 뷔페에서 무조건 음식을 가져온 적 있으신가요? 이제는 배가 불러 그만 먹고 싶은데, 더 먹는 게 이익이라는 이유로 꾸역꾸역 음식을 집어넣습니다. 더 많은 음식을 먹어 본전은 뽑았는지 모르겠지만 저녁 내내 불편한 속은 내가 한 선택이 정말 이익이었는지 의문을 갖게 합니다.

돈 관리도 그렇습니다. '합리적인 소비만이 옳다'라는 주장은 '합리적이라면 옳다'로 이어집니다. 절반 이하로 할인을 하는 물건 앞에서, 분명 나에게 도움이 될 것 같은 물건과 서비스 앞에서 우리는 '꼭 필요하다'며 구입을 결정합니다. 하지만 때로는 그 지출을 해야 할 이유가 백 가지라 하더라도 상황이 안 된다면 지출하지 못할 수도 있습니다. 남들은 다 사용하는 것이라도 여의치 않다면 참아야 할 때도 있습니다. 그렇기 때문에 합리적인 소비, 정당한 소비는 옳고 그렇지 않은 소비는 틀렸다는 주장이 항상 맞는 말은 아닙니다.

우리는 참으로 많은 돈을 쓰면서 살아갑니다. 그리고 그 소비는 검열하고 채점해야 할 대상이 아니라 내가 이것도 해보고 저것도 먹어봤으며, 가끔 부모님이나 친구에게 사람 구실도 하며 산다는 것을 보여줍니다. 아낄 땐 아끼고 쓸 때는 써야겠지요. 하지만 그것이 무엇이 되었든 쓰기로 결정했다면 당신에게 완전한 기쁨을 허락하세요.

배보다 배꼽이 더 큰 '쿠폰'과 '할인'

쿠폰과 할인에 약한 나도 괜찮아

저에게는 쿠폰과 관련된 슬픈 에피소드가 있습니다. 열심히 피자 쿠폰을 모아서 드디어 10장이 되었는데 그 피자집이 망해버린 거예요. 어린 마음에 어찌나 서러웠는지 망연자실한 표정으로 오랫동안 앉아 있었습니다. 짜장면부터 피자, 치킨까지 쿠폰을 모으고 할인을 받는 재미가 쏠쏠합니다. 과거에는 배달 음식 정도가 쿠폰을 모을 수 있는 전부였다면 이제는 커피를 마실 때, 영화를 볼 때, 인터넷으로 무언가를 구입할 때 등 거의 모든 상황에서 가지각색의 쿠폰과 할인을 경험할 수 있습니다.

덕분에 오늘날 똑똑한 소비자들은 물건을 훨씬 싸게 구입합니다.

다른 사람들은 8만 원을 주고 산 것을 나는 4만 원으로 구입했다면 그 뿌듯함은 자랑할 만합니다. 할인도 그냥 받는 게 아니라 다 시간과 노력을 통해 얻어낸 거니까요. 그럼에도 저는 카페 등에서 "도장 찍어드릴까요?"라는 질문에 "아니요"라고 답합니다. 쿠폰과 할인이 문제여서가 아니라 그게 제게 너무 효과적으로 작용하기 때문입니다.

쿠폰과 할인이 아니었다면 다른 곳에서 구입했을 것을, 아니 심지어 구입하지 않았을 것을 구입했습니다. 필요해서가 아니라 싸니까 구입한 것이지요. 하지만 무언가를 싸게 샀다는 기쁨은 잠시이고 정작 구매한 물건은 방 한구석에 쌓여갔습니다. 어느 순간 중요한 건 '실제 사용'보다 '구매의 순간'이 아니었나 하는 생각이 들었습니다. 실제로 물건을 사용할 때보다 구매할 때가 더 행복했으니까요. 그러면서도 또다시 할인과 쿠폰을 찾아 나서는 나의 모습은 '구매'라기보다는 '게임'에 가까워 보입니다. 누가 누가 더 싸게 물건을 구입하나 겨루는 게임 말이에요. 그리고 그 게임에서 우리의 돈은 순간의 즐거움을 위한 '게임 머니'로 전락합니다. 저는 온라인 게임을 하지 않기에 다른 사람들이 게임에 돈을 쓰는 걸 이해하지 못했습니다. 그런데 다시 보니 나 역시 게임을 하고, 열심히 내 돈을 그 게임에 쏟아붓고 있었습니다. 온라인 게임이든, 싸게 사기 게임이든 이름만 다를 뿐 게임은 게임이니까요.

사실 쿠폰과 할인을 통해 더 많은 돈을 쓰게 되는 것은 당연합니다. 쿠폰과 할인은 구매자가 아니라 판매자가 만들어낸 것이니까요. 할인 상품의 가격이 원래 얼마였는지가 그렇게 중요한 건가 하는 생각도 듭니다. 그 상품이 원래 얼마였든지 그 가격으로 팔리지 않으니 가격이 내려갑니다. 과거에는 이만큼이나 비쌌다고 외치는 할인 상품을 보면 '나도 왕년엔 잘나갔다'고 거듭 강조하는 사람이 떠오릅니다. 지금도 잘나가는 사람은 결코 과거의 이야기를 할 필요가 없지요.

앞으로는 '할인된 가격'과 '정가'를 비교하기보다는 '할인된 금액'과 '0원'을 비교해보면 어떨까요? 8만 원의 운동화를 5만 원으로 할인한다면 5만 원과 8만 원을 비교하는 대신 그 운동화를 사지 않았다면 나갈 0원과 운동화를 구입함으로써 나가는 5만 원을 비교하는 거예요. 안 사면 100퍼센트 할인이라는 말처럼, 아무리 할인을 많이 한 상품이라도 구입하지 않았을 때 나가는 0원보다는 비쌀 수밖에 없으니까요.

그럼에도 불구하고 쿠폰과 할인 앞에서 어김없이 약해지는 당신이라면 그 사용을 조금 보류하는 것도 방법입니다. 쿠폰과 도장에 단호박처럼 "아니요"라고 답하는 저조차 꽤나 거부하기 힘든 쿠폰이 있습니다. 그것은 모 카페의 1+1 쿠폰으로, 한 음료를 구매하면 같은 종류의 음료 하나를 더 주는 쿠폰이에요. 이 쿠폰을 받기만 하면 저는 당장 이 쿠폰을 언제 쓸지 머릿속으로 계획을 세우곤 했습니다. 하지만 이번엔 좀 다르게 행동했어요. 쿠폰을 버리기엔 마음이 너무 아프니 일단 유효기간까지 가지고 있다가 쓸 일이 생기면 쓰자고 보류해둔 거예요. 결국 쓸 일은 없었고 오늘 확인해보니 유효 기간도 지났습니다.

그리고 그게 그렇게 아깝지는 않더라고요.

어쩌면 쿠폰과 할인에 가장 신경 쓰는 사람들은 그만큼 '돈 관리'에 대한 욕구가 큰 사람들일지도 모릅니다. 조금이라도 아끼고 싶은 마음은 십분 공감합니다. 하지만 그 물건과 서비스가 우선인지, 할인과 쿠폰이 우선인지 다시 한 번 고민해보면 어떨까요?

'시발 비용'을 위한 변명

변화가 필요한 나도 괜찮아

고대 그리스의 철학자 에피쿠로스(Epicouros)는 인간이 행복하기 위해서는 세 가지가 필요하다고 주장했습니다. 첫째는 친구와의 우정, 둘째는 상사나 나의 자유를 억압하는 자로부터의 경제적 독립, 그리고 셋째는 혼자 이것저것을 생각할 수 있는 시간이 바로 그것입니다. 그는 사람이 행복하기 위해서는 이 세 가지가 필수적이며, 그 외의 큰 부나 명예는 중요하지 않다고 강조했습니다.

그러나 어디 큰 부자가 되기만 어렵나요. 에피쿠로스가 말하는 경제적 독립은 현대 사회에서 큰 부나 명예를 이루는 것만큼 어려운 일입니다. 우리는 큰 부자가 되기 위해서가 아니라 그저 먹고살기 위해서 노동자로 일하며, 하루 대부분의 시간 동안 누군가에 의해 지시받고 사용됩니다. 그리고 그렇게 사용되는 동안에 내 욕구는 중요하지 않습니다. 눈을 잠시 감고 있는 것도, 대낮에 햇볕을 쬐는 일도 주위를 살펴야 합니다.

때문에 노동에 대해 생각하면 왜 우리가 그 반대급부인 소비에 그토록 집착하는지 알 수 있습니다. 소비를 하는 그 순간에는 찰나일지라도 사용되는 자에서 사용하는 자로 변신할 수 있으니까요. 1,000원이 되었건 10만 원이 되었건 중요하지 않습니다. 사용자는 힘이 있고, 사용자가 되는 순간 우리는 행복합니다. 엄청 비싼 걸 구입해서가 아니라 그저 내 마음에 따라 행동할 수 있기 때문입니다.

요즘에는 이렇게 스트레스를 해소하기 위해 사용하는 비용을 '시발 비용'이라 부르는데요. 정신없는 출근길에 버스 대신 택시를 타는 비용, 답답한 근무 중간에 라테 한 잔을 마시는 비용이 대표적인 시발 비용입니다. 이러한 비용은 우리의 고된 일상을 버텨내게 해주는데도 내 소비를 바라볼 때 가장 꼰대 기질을 발휘하기 쉬운 부분이기도 합니다. 이성적으로 보면 그 담배, 그 옷, 그 커피는 사실 삶을 사는 데 필수적으로 보이지 않으니까요. '먹고살기 힘들다며 그런 데는 돈 잘 쓰네?'라는 자아비판이 올라오고, 끊임없이 늘어지는 지출 목록을 보고 있자면 할 말이 없어지는 것도 사실입니다.

하지만 왜 이렇게 비싼 커피를 마시냐고, 필요 없는 걸 산 것은 아니냐고 지나치게 비난할 필요는 없습니다. 사실 일 때문에 받은 스트레스를 술 한 잔으로 풀 수 있다면, 견딜 수 없는 쓸쓸함을 커피 한 잔으로 위로할 수 있다면 그것만큼 가성비 높고 효과적인 소비가 없을 테니까요. 다만 오늘도 시발 비용을 지출하고 있는 우리가 생각해볼 점은 그게 문제인가 아닌가가 아니라 이 지출이 문제를 해결하는 데 정말 효과적인가입니다. 반복해서 시발 비용을 써보면 알 수 있습니다. 이 문제가 계속 이렇게 버틸 수 있는 문제인지 아닌지를 말이에요.

시발 비용을 쓰는 것은 분명 단기간의 고통을 참는 데는 효과적이지만 계속 그것을 반복하다보면 언제까지나 이렇게 버틸 수만은 없다는 걸 깨닫게 합니다. 시발 비용이 제공하는 효과는 오늘의 불쾌함을 완화하는 단기적 효과만을 제공할 뿐, 그 문제를 근본적으로 해결해주는 장기적 효과를 만들어낼 수 없으니까요. 어쩌면 우리도 애초부터 그것을 알고 있습니다. 다만 변화를 실천에 옮기기까지 생각할 시간과 용기가 필요할 뿐이지요.

술 한 잔, 달달한 간식, 출퇴근길의 택시비 등은 굳이 시발 비용이라는 이름으로 불리지 않아도 인생을 더욱 풍요롭게 만들기 위해 얼마든지 쓰일 수 있는 항목들입니다. 그런데 그 항목들이 어느새부턴가 단순히 간식, 택시비가 아니라 시발 비용이라고 여겨진다면 생각해보세요. 무언가 변화가 필요하다고, 돈이 당신에게 보내는 신호일지도 모릅니다.

그 포도는 신 포도였을까?

부러우면 부러운 것을 해보는 나도 괜찮아

처음 경제 상담을 시작했을 때, 선배 상담사가 이렇게 말했습니다.

"한번 마음먹고 돈을 펑펑 써봐!"

아마 젊은 나이에 이런저런 규칙으로 스스로를 묶어두는 제가 안쓰러웠나봅니다. 돈은 너무 많이 쓰는 것도 문제이지만 필요한 곳에 제대로 쓰지 못하는 것도 문제이니까요. 평생 아껴야 한다는 말만 듣다가 난생처음으로 들은 이 조언이 어찌나 반갑던지요. 다른 사람 말은 잘 듣지 않는 저인데, 이 조언은 어찌나 실천하고 싶었는지 모릅니다.

하지만 돈을 마음껏 쓰기는 생각보다 쉽지 않았습니다. 단단히 매고 있던 고삐를 푸는 일이 무서웠거든요. 쓰고 싶은 대로 써도 된다고 스스로에게 허락하면 걷잡을 수 없는 상황이 될 것 같았습니다. 신용불량자가 되거나 파산을 하게 될지 모른다고 스스로를 겁주었습니다. 그럼에도 안 해본 것들을 조심스럽게 시도하기 시작했습니다. 하면 좋지만 안 해도 죽지 않는다며 미뤄왔던 취미 수업을 들었습니다. 내 것을 구매하면서 주위 사람들 선물도 같이 사는 여유를 부려보았습니다. 그렇게 안 해본 것들을 시도하니 그전에는 보이지 않던 것들이 보이더군요.

우선, 이것은 이래서 안 되고 저것은 저래서 안 된다고 금지하기만 했는데, 해보고 싶은 것을 해봐도 괜찮다는 사실을 알게 되었습니다. 사실 내가 사고 싶던 것, 하고 싶은 것은 그리 대단한 것도 아니었다는 것을, 그저 작은 지출로도 큰 만족감을 느낄 수 있다는 걸 알았습니다. 새로운 즐거움을 발견하기도 했습니다. '먹는 데만 쓸 줄 알았는데, 입고 꾸미는 기쁨도 크구나', '부모님께 돈을 쓰면 이런 느낌이구나'. 무엇보다 내 욕구가 어느 정도 채워지니 그동안 사치라고 비난하고, 불편하게만 느꼈던 타인의 취향에 관대해졌습니다. 내심 '그런 건 돈 낭비지'라고 생각했던 타인의 지출에도 이유가 있음을 알게 되었던 것이지요. 어쩌면 그토록 똑똑한 척하며 남들의 지출을 평가했던 것은 나는 그렇게 쓸 수 없었기 때문은 아니었을까요?

물론 새로운 지출이 늘 만족스러웠던 것은 아니었습니다. 하루는 방바닥에 누워 유튜브를 보는데, 오동통하게 오른 살에 버터 소스를 바른 랍스터가 제 시선을 사로잡는 게 아니겠어요? 대부분 좋아 보이는 게 있을 때 '고기가 거기서 거기지', '빨간 립스틱이 거기서 거기지' 라고 시큰둥한 반응을 보였지만 이 랍스터에게는 무기력하게 무너져 버렸습니다. 왜냐하면 랍스터를 제대로 먹어본 적이 없었거든요. '그래, 난 랍스터를 먹어본 적이 없어! 그러니 경험삼아서라도 한 번은 먹어봐야 해'라는 합리화의 센서가 빠르게 돌아가기 시작했고, 정신을 차렸을 때는 식당에서 랍스터가 나오기를 기다리고 있었습니다.

드디어 고대하던 랍스터가 위용을 뽐내며 등장했습니다. 꽉 들어찬 살들이 살짝 노랗게 익은 모습은 제가 딱 원하던 비주얼이었어요. 하지만 정작 맛을 보았을 때는 실망스러운 마음을 감출 수 없었습니다. 왜냐하면 그건 그냥 랍스터 맛이었기 때문이에요. 사실 랍스터가 랍스터 맛이 나는 건 당연하지요. 심지어 맛이 없던 것도 아니었습니다. 분명 맛있었는데, 그냥 다른 음식을 사 먹을 때와 비슷하게 맛있었달까요? 아마 저는 평균 외식비의 3배를 썼으니, 평소보다 3배는 더 만족감을 얻으리라 기대했나봅니다. 조금은 허무한 마음으로 집으로 돌아오는 길, '랍스터도 별거 없네~'를 외치면서 동시에 한편으로는 참 다행이라는 생각이 들었습니다. 이제 랍스타를 봐도 부럽지 않을 것을 알았기 때문입니다. 오늘은 그 '별거 없음'을 느낀 것만으로도 충분하지 않을까 생각하며 기대에 못 미친 랍스터 투어를 끝냈습니다.

이솝 우화에는 맛있어 보이는 포도를 탐내는 여우가 나옵니다. 그 여우는 몇 차례 포도 따기를 시도하다가 실패하자 '어차피 신 포도였을 거야' 하며 돌아갑니다. 하지만 과연 신 포도라고 억누른 여우의 마음속에 정말 그 포도가 사라졌을까요? 어떤 것들은 애써 모른 척해도 두고두고 마음에 남습니다. 그리고 그 마음은 대상에 대한 지나친 동경, 회피, 혹은 경멸 등 다양한 모습으로 나타나지요. 빈손으로 돌아간 여우는 포도를 따 먹은 다른 여우들을 비웃거나, 길을 지나갈 때면 애써 포도가 없는 쪽으로 다녔을지도 모릅니다.

돌이켜보면 특정한 지출을 별거 없다고, 쓸데없다고 무시했던 이유는 그저 그렇게 생각하고 싶었기 때문이라는 생각이 듭니다. 정말 관심이 없는 지출은 무시할 필요조차 없을 테니까요. 그렇기에 미련인지 아니면 담백한 판단인지 진정으로 내 마음을 아는 방법은 직접 그것을 경험해보는 것입니다. 아쉽게도 돈을 펑펑 써보는 기간은 끝났지만, 지금도 저는 월초가 되면 쥐꼬리만한 나의 돈을 어디에 써볼까 즐거운 고민을 합니다. 그동안 써보지 않았던 것들에 사용함으로써 더 다양한 선택지를 갖게 되었고, 나에게 의미 없는 지출은 무엇인지도 분명하게 확인했으니까요.

'이건 없으면 안 돼', '이건 필수야'라고 좋아하는 것만큼이나 '이건 안 돼', '이건 필요 없는 거야'라는 강한 부정 또한 그 대상에 대한 집착입니다. 평소라면 해보지 않았던 곳에 돈을 써보고, 평소라면 하지 않았을 일들을 해보는 것은 어떨까요? 그 결과가 '역시 이건 별로였어'라는 확신이든 '어! 이런 재미도 있네'라는 발견이든 그리 나쁜 결과는 아닐 것입니다.

신상 노트북이 나에게 미치는 영향은?

새로운 정체성을 구매하는 나도 괜찮아

사회생활을 시작한 지 얼마 되지 않았을 때 머리카락을 잘랐습니다. 변하고 싶었기 때문입니다. 학생에서 사회인으로 거듭나는 시점에서 저는 서투름을 동반할 수밖에 없는 어린 나이가 부끄러웠습니다. 어엿한 사회인으로 인정받아 자신 있게 능력을 펼치고 싶었습니다. 그래서 머리라도 짧으면 더 나이가 들고, 경험이 있어 보이지 않을까 하는 마음에 머리카락을 잘랐던 것이지요. 하지만 어설프게 짧아진 머리는 저를 더욱 학생같이 만들어 좌절했던 기억이 있습니다.

생각해보면 이상한 일입니다. 제가 원했던 것은 전문성이었습니다. 그러면 해당 분야를 더 공부하고 경험치를 높이며 전문성을 쌓을 일이지 애꿎은 머리카락을 자를 필요가 없었습니다. 머리카락이 짧아진다고 해서 능력이 길러지는 게 아니니까요. 머리카락이 길든 짧든 제가 당당하게 행동하고 자신 있게 일한다면 주위 사람들도 저를 그렇게 대해줄 것입니다. 그러나 저는 그렇게 실력을 쌓는 대신에 머리카락을 잘랐습니다. 공부하고 노력하여 쌓는 진짜 전문성 대신에 똑똑해 보이는 모습인 가짜 전문성을 구매하려 한 것이지요. 그 편이 더 빠르고 쉽고 간편했기 때문입니다.

우리가 소비를 통해 구매하는 것은 비단 물건의 기능뿐만이 아닙니다. 우리는 소비를 통해 그 물건이 제공하는 새로운 정체성을 구매합니다. 나이키 운동화로 건강관리를 열심히 하는 나, 새 노트북으로 과제도 잘하고 똑 부러지는 나를 구매합니다. 문제는 그 구매 이후 실제로 내 정체성이 바뀌지 않는다면 부족함을 채우기 위한 소비는 끝없이 이어진다는 점이지요.

휴스턴 대학의 브레네 브라운(Brené Brown) 박사는 우리가 극심한 결핍 사회에 살고 있다고 이야기합니다. 그에 따르면 아침에 일어나서 우리가 가장 먼저 하는 생각은 잠을 충분히 자지 못했다는 것이고, 자기 전 드는 생각은 일을 충분히 끝내지 못했다는 것이라고 합니다. 우리는 언제나 충분히 예쁘지 않고, 충분히 능력 있지 않고, 충분히 부유하지 않다고 느낍니다. 그리고 브라운 박사는 '나는 부족하다'는 이 결핍감이야말로 다른 사람들과의 관계를 방해하는 장애물이라고 말합니다.

'나는 아직 부족하다'는 결핍감은 소비에도 그대로 영향을 미칩니다. 사실 소비란 나에게 없는 무언가를 돈을 주고 얻는 행위이니까요. 나에게 부족한 게 많다고 느끼는 사람일수록 더 많은 상품과 서비스를 구입할 수밖에 없겠지요? 자존감이 중요하다는 이야기를 하는 건 아닙니다. 심지어 자존감이 높은 사람들일지라도 어느 부분에선 부족할 수밖에 없고, 더 나아지기를 꿈꿉니다. 직장에선 잘나가는 팀장일지라도 아버지로서의 정체성에는 자신이 없을 수 있습니다. 부족한 자신감을 메우기 위해 아이에게 프리미엄 사교육을 시키고, 비싼 장난감을 사줍니다. 부족한 아빠라는 정체성을 물질적으로는 모자람 없게 해주는 아빠로 만회하고 싶은 것입니다. 어느 누구 하나 빼놓지 않고 우리는 모두, 끊임없이, 변화를 꿈꿉니다. 그리고 소비는 그 새로운 정체성을 얻는 가장 쉬운 방법인 듯 보이지요.

하지만 외면할 수 없는 사실은 그렇게 구매한 정체성이 '진짜'가 될 수는 없다는 점입니다. 아무리 머리카락을 짧게 잘랐어도 어리숙한 모습 그대로라면 사람들은 저를 그렇게 볼 것입니다. 아무리 새 노트북이 있어도 제대로 과제를 하지 않는다면 저는 어쩔 수 없이 불성실한 학생이겠지요. 잠깐 동안은 새로운 컴퓨터가, 운동화가 변화된 느낌을 선물할지 모릅니다. 하지만 물건이 준 변화의 감각은 찰나에 사라져버리고 시간이 지나도 그대로인 자신을 발견할 때면 분노가 솟구쳐오릅니다.

저 역시 힘든 게 싫습니다. 돈으로 내가 원하는 진짜 정체성을 구입할 수만 있다면 제가 가장 먼저 그렇게 하겠습니다. 분명 새로운 상품은 원하는 정체성으로 다가가는 시작이 됩니다. 신상 운동화는 분명 오래된 운동화보다 운동하고 싶은 마음을 높여줄 테니까요. 하지만 내가 원하는 그 나아진 모습은 그러한 상품을 구매할 때가 아니라 내가 노력을 기울여 변화했을 때만이 완성될 수 있음을 기억할 필요가 있습니다.

지출은 실패일까, 손해일까

계획대로 안 되는 나도 괜찮아

가끔 상담을 진행하는 도중에 '힘들어요. 포기해버리고 싶어요'라고 말하는 분들이 있습니다. 왜 그럴까요? 이번에는 제대로 돈을 모아보겠다고 상담도 받고 야심차게 시작했건만, 가계부를 통해 실제로 확인한 자신의 지출과 저축이 계획대로 되지 않기 때문입니다. 이상과 현실 사이의 충격적인 격차는 굳게 다졌던 의지력을 약화시키고, 이렇게밖에 못할 거면 돈 관리를 하는 게 무슨 소용이 있을까 싶은 것입니다. 처음의 멋있어 보였던 계획에는 금이 쩍쩍 갈라지고 그 앞에 지친 나의 모습이 보입니다.

현실이 생각대로 되지 않는다는 것은 태어나서 지금까지 반복적으로 겪어왔지만 좀처럼 익숙해지지 않습니다. 내 나름대로는 한다고 했는데도 실망스러운 결과는 그대로 우리를 좌절하게 만들지요. 하지만 계획대로 되지 않는 현실이 나의 잘못만은 아닙니다. 계획을 세울 때에는 보이지 않았던 요소들이 현실 세계에서는 나타날 수밖에 없으니까요. 몇 차례 안 될 거라고 예상했던 친구들의 경조사가 연이어 발생하고, 갑자기 지방으로 발령이 나 생활이 완전히 달라지기도 합니다. 가벼운 취미로 하는 소소한 활동이 꽤나 비용이 들어가는 활동이었다는 것도 가계부를 적어봐야 알 수가 있습니다. 머릿속으로 생각하는 나의 경제 상황과 실제로 하나하나 적어보았을 때의 경제 상황은 천지 차이로 다릅니다. 그렇기 때문에 마음먹은 대로 돈 관리가 안 되는 것은 지극히 자연스러운 일입니다.

심리학에 '계획 오류(planning fallacy)'라는 말이 있는데요. 사람들이 실제로 일을 마치는 데는 계획한 것보다 더 오랜 시간이 걸리는 현상을 뜻합니다. 심리학자 로저 뷸러(Roger Buehler)는 학위 논문을 쓰는 학생들을 대상으로 한 실험으로 이 계획 오류를 증명했습니다.

먼저 그는 학생들에게 논문 완성에 걸리는 예상 시간을 물었고, 학생들은 가장 순조로울 경우 논문이 27.4일 안에, 가장 최악의 경우에는 48.6일 안에 끝날 것이라고 예상했습니다. 그러나 실제로 언제 논문을 끝마쳤는가를 확인한 결과 학생들은 평균 55.5일에 걸쳐 논문을 완성했다고 해요. 가장 최악의 경우를 가정한 48일보다 1주일이나 늦은 것이지요. 그리고 예측한 기간 내에 논문을 다 완성한 학생은 전체의 30퍼센트에 불과했다고 합니다.

학생들의 평균 논문 완성일이 자신들이 예상한 가장 최악의 경우보다 오래 걸렸다는 사실은 조금 위안이 되기도 합니다. 현실이 계획대로 되지 않는 일이 정상이라고 말해주는 것 같거든요. 때문에 가계부를 써보고 계획대로 되지 않는 나를 성급히 합격, 불합격으로 나누지 마세요. 그 대신 내가 예상했던 바와 실제가 어떻게 다른지를 살펴봅니다. 예상과 다른 부분은 틀렸다며 빨간 줄을 그을 게 아니라 왜 예상과 달랐는지, 예상과 달라서 드는 기분은 어떤지를 물어봅니다. 무자비하게 합격, 불합격의 딱지를 붙이는 대신 있는 그대로의 상황을 천천히 들여다보면 계획과 다르다고 좌절하는 마음 대신 앞으로는 어떻게 해봐야겠다는 새로운 결심이 차오릅니다. 그렇게 한 달, 두 달 가계부를 실제로 써보며 계획을 수정해나가면 결국 처음의 거대하고 팽팽했던 계획은 서서히 바람이 빠지고, 보다 현실적이고 지속 가능한 계획이 남곤 합니다.

기대감으로 가득 차 야심차게 세웠던 계획에서 불가능한 부분을 하나둘씩 지우는 일은 분명 씁쓸합니다. 하지만 마지막에 내게 놓인 싱겁고 바람 빠진 계획도 그리 나쁘지는 않습니다. 생활비가 줄어들지 않는 나도, 활동비를 포기할 수 없는 나도 있는 그대로 자신이니까요. 《당신이 옳다》에서 정신과 의사 정혜신 씨는 누군가를 죽이고 싶은 마음조차도, 또 죽고 싶다는 마음조차도 옳다고 말합니다. 우리가 그런 마음이 들었을 때는 분명 그럴 만한 이유가 있었을 것이기 때문입니다. 그는 극단적인 감정 역시 들 만한 이유가 있었다고 상대의 마음을 공감해주면, 처음엔 날카로운 행동을 보였던 사람도 자신의 잘못을 반성하게 된다고 말합니다.

소비 역시 이와 비슷합니다. 무조건 한심하고 이해할 수 없는 지출은 없습니다. 그 당시에는 나에게 타당하게 느껴졌기 때문에 지출한 것입니다. 되돌아본 결과 지난 지출이 후회된다면 당시에는 타당한 결정이었음에도 후회가 되는 이유는 무엇인지 생각해봅니다. 그리고 지출을 줄이려고 해도, 혹은 늘리려고 해도 잘 되지 않는 이유는 무엇인지 나의 마음을 가늠해봅니다. 계획과는 다른 모습을 보여주는 가계부는 그동안 몰랐던 나의 모습을 발견하게 합니다. 그리고 가계부를 통해 변화할 수 있는 부분은 바꾸고 그렇지 못한 부분은 받아들이는 과정은 그 자체로 돈 관리가 나에게 주는 선물입니다.

에필로그

별 볼 일 없고 소중한 나

'경제 상담은 어떻게 하는 거야?'

생소한 직업 탓에 무슨 일을 하는 거냐고 묻는 사람들이 많습니다. 경제 상담을 한다고 하는데 그게 도대체 뭔지, 진짜 돈 문제가 해결되기는 하는 건지 궁금한 것이지요. 돈 문제라고 해서 꼭 복잡하게 생각할 필요는 없습니다. 결국 우리가 말하는 경제적 문제란 대개 '돈이 부족하다'는 것입니다. 그리고 돈이 부족한 이유는 들어오는 돈보다 나가는 돈이 더 많기 때문이지요.

따라서 이 문제를 해결하는 방법은 간단합니다. 첫째, 들어오는 돈을 더 많게 한다. 둘째, 나가는 돈을 적게 한다. 이 두 가지 중 한 가지를 선택하고 실행하면 됩니다. 사실 말이야 쉽지, 수입을 늘리는 것도 지출을 줄이는 것도 쉬운 일이 아닙니다. 설상가상으로 첫 번째 방법인 수입 늘리기는 더욱 어렵습니다. 더 많은 노력을 들여 수입을 늘리기로 다짐하더라도 즉각적으로 효과를 보기는 힘듭니다. 그래서 보통 지출 줄이기에 초점을 맞춰 상담을 진행합니다. 그 편이 당장의 마이너스를 줄이는 데 보다 효과적이기 때문이지요.

이런 게 경제 상담이라고 하면 어이없어할 분들도 있을 것입니다. '수입을 늘리거나 지출을 줄이라니', 그걸 몰라서 못했던 게 아니기 때문이지요. 그런 대답을 듣자고 돈을 내고 상담을 받아야 하냐고 따지고 싶을지도 모르겠습니다. 맞아요. 결국 이 책에서 이야기하고 싶은 것은 이미 여러분이 다 아는 내용입니다. 우리는 이미 어떻게 하면 더 많은 돈을 모을 수 있는지, 어떻게 하면 마이너스를 줄일 수 있는지 답을 알고 있습니다. 다만, 실행하지 못할 뿐입니다. 이미 우리는 고통을 겪는 많은 문제들의 답을 알고 있습니다. 살을 빼는 방법? 섭취하는 칼로리보다 소비하는 칼로리를 높이면 되겠지요. 하지만 그 간단한 공식을 너무나 잘 알고 있어도 살다보면 그것을 실천하지 못하는 101가지 이유가 생기기 마련입니다.

그래서 돈 관리에 있어 중요한 점은 문제를 해결해줄 기막힌 해결책을 내는 게 아닙니다. 지속적으로 내 돈이 들어오고 나가는 것을 관찰하면서 왜 그 간단한 공식을 실천하는 게 어려운지를 이해하는 것입니다. 자본주의 사회에서 살다보면 끝없이 부풀려진 욕망과 비루한 현실 사이에서 좌절을 반복하게 됩니다. 몸이 축나도록 일하는데 돈은 항상 부족합니다. 경제는 불황이라지만 잘나가는 사람은 어찌나 많은지, 화려한 인생을 사는 사람들에게 매일같이 노출됩니다. 그리고 계속 이런 상황을 겪다보면 어디서부터 잘못된 건지 알 수가 없고, 죽기 전에는 빠져나올 수 없는 덫에 빠져버린 기분이기도 합니다. 그럴 때는 무턱대고 나와 돈, 그리고 세상이 미워지기 십상이지요.

내가 버는 돈과 쓰는 돈을 알기 쉽게 정리하고, 관찰하는 일은 그래서 중요합니다. '다 미워!'라고 소리치고 싶은 상황에서, 이 상황의 원인이 무엇인지 이해하게 해주니까요. 숫자로 표현된 문제는 매우 간단합니다. '아, 300만 원이 들어왔는데 320만 원이 나가니까 부족할 수밖에 없구나', '고정비, 생활비, 활동비 등에 나가는 돈이 이렇기 때문에 320만 원이 나오는 거구나' 등 내가 처한 상황을 이해하고 납득하게 됩니다. 그리고 일단 내가 처한 상황을 납득하게 되면 그다음에는 어떤 행동을 취해야 할지가 보입니다. 내가 줄일 수 있는 부분과 줄이지 못하는 부분이 보이고, 당장 할 수 없는 일에 김 빼지 않습니다. 그렇게 내가 할 수 있는 일들을 해나가며 돈과 나를 관찰하다보면 어제는 할 수 없던 것을 오늘은 해냈다는 것을 깨닫기도 합니다.

때문에 무엇보다 중요한 것은 내가 쓰는 돈을 보는 일입니다. 그게 전부입니다. 자신의 가계부를 보면 어떻게 문제를 개선할지는 자기가 가장 잘 알게 됩니다. 하지만 제가 이 일을 하면서 알게 된 점은 사람들이 자신의 지출 내역을 들여다보는 일을 지독히도 두려워한다는 점입니다. '그럴 필요가 없어서', '쓰는 게 뻔해서' 등 다양한 이유가 있지만, 가장 큰 이유는 단순히 '보고 싶지 않기' 때문입니다. 그리고 보고 싶지 않은 이유는 그 내역이 자신이 원하는 모습이 아니기 때문이지요.

꾸준히 가계부를 기록하고 들여다보기가 어려운 이유는 우리가 가계부를 쓰며 답정너(답은 정해져 있고 넌 대답만 하면 돼)의 모습을 고수하기 때문입니다. 돈을 어떻게 벌었고, 어떻게 썼는지를 관찰하기 위해서가 아니라 통제하기 위해서 가계부를 씁니다. 더 많은 돈을 벌고, 더 적은 돈을 쓰는 모습만이 내가 보고 싶은 정답입니다. 그리고 그 정답을 보여주지 않는 가계부는 쉽게 버려지게 되는 것이지요.

그러나 너무 당연하게도 돈은 상황에 따라 늘어나기도 하고 줄어들기도 합니다. 그렇기에 돈을 관리하는 과정은 내가 보기 싫고 외면하고 싶었던 별 볼 일 없는 나를 마주하는 일입니다. 욕심만큼 돈을 벌지도, 그렇다고 똑 부러지게 아끼지도 못하는 나를 지켜보는 일은 고통스럽습니다. 그러나 그런 나를 포기하지 않고 지켜보다보면 별 볼 일 없는 나조차 할 수 있는 일이 있음을, 별 볼 일 없음이 꼭 소중하지 않음을 뜻하는 건 아님을 깨닫게 됩니다.

꼭 돈이 늘어나는 것만이 잘 사는 것도 아니고, 돈을 쓰지 않는 것만이 정답도 아닙니다. 결국 아무리 돈, 돈 하더라도 돈은 삶을 위한 수단이니까요. 지출은 실패도 손해도 아닌 내가 삶을 살았다는 증거입니다. 그리고 통장 잔액의 상승세뿐만 아니라 하강세 역시 지켜볼 수 있을 때 우리는 지속적으로 돈 관리를 할 수 있습니다.

오랜 시간 경제력이란 무조건 많은 돈을 가진 거라고 여겼습니다. 절대적인 수치에 도달하면 드디어 경제적 불안감을 없앨 수 있을 거라고 믿었습니다. 하지만 나와 타인의 돈을 관리하면서 저는 언제까지나 내 삶을 지켜줄 경제력은 관찰을 통해 내 상황을 객관적으로 파악하는 능력, 그리고 그 결과로 필요한 행동들을 시도하는 행동력이라고 결론짓게 되었습니다.

이 책은 여러분이 경제적 상황이 좋을 때든 그렇지 않을 때든 자신을 부정하지 않고 최선의 선택을 내릴 수 있기를 바라며 썼습니다. 이 책이 돈 관리의 시작을 가볍게 하는 마중물이 되었으면 합니다.